EDITION TERRA

Seenland Ruppin

EIN WEGBEGLEITER

Joachim Nölte

Folgende Piktogramme helfen:

i i   *Tourist-Information/Info-Punkt*

  Historischer Stadtkern

M   *Museum*

  Gastronomie

  Wellness

  Camping

  Baden

  Angeln

  Veranstaltungen

Inhalt

Willkommen im Ruppiner Seenland	6
„Grafschaft Ruppin" – oder was?	8
Eine Seefahrt im Seenland	10
Ruppiner Seenland – Ein barrierefreies Reiseziel	12
Die Fontane-Festspiele	14

((1)) Fontane-Stadt Neuruppin ✂ — 16

Rundgang in Neuruppin	
Am Rheinsberger Tor	21
Der Kronprinz in Neuruppin	24
Die St. Marienkirche (Kulturkirche)	25
Der Kirchplatz	27
Wer war eigentlich Carl Ludwig Engel?	27
Die Fischbänkenstraße	28
Die Siechenstraße	29
Die Klosterkirche St. Trinitatis	30
Die Seepromenade	33
Das Museum Neuruppin	35
Die Neuruppiner Bilderbogen	37
Der Tempelgarten ✂	40
Neuruppins Plätze	45
Die Garnisonstadt Neuruppin	47
Theodor Fontane und Neuruppin	48
Karl Friedrich Schinkel und Neuruppin	49

((2)) Ruppiner Schweiz ✂ — 50

Zwei historische Orte: Gentzrode, Gildenhall	55
Alt Ruppin	58
Die Ruppiner Seenkette	**59**
Boltenmühle	63
5-km-Wanderung rund um den Kalksee ✂	64
Binenwalde	64
Zippelsförde	66
Lindow ✂	**67**
Wer war die schöne Nonne von Lindow?	73
Kunsterspring	78
3-km-Wanderung zur Kochquelle ✂	79
Netzeband	79
Die Wittstock-Ruppiner Heide	**82**

((3)) Naturpark Stechlin-Ruppiner Land ✂ — 84

Der Stechlin: Ein Roman und sein See	89
Stechlin vs. Neuglobsow	**90**
Was ist das mit der Fontane-Maräne?	92
Laufen um den Stechlin	93
Neuglobsow ✂	94
Die Sage vom Roten Hahn	95
Das Atomkraftwerk Rheinsberg	96

Wer war eigentlich Johanna Louise Pirl?   100
Dagow   101
Menz und Umgebung ✉   **103**
Abstecher nach Köpernitz   105
Zernikow ✉   106
Wer war eigentlich Michael Gabriel Fredersdorf?   109
Dollgow und Schulzenhof ✉   113
Wer waren eigentlich die Eheleute Strittmatter?   116

((4)) **Rheinsberg und seine Seenkette** ✉   **118**
Schloss Rheinsberg   **123**
Kronprinz Friedrich als Bauherr,
Verfall und Sanierung, Der Schlosspark,
Ein Obelisk der Erinnerung
Wer waren eigentlich Knobelsdorff und Pesne?   126
Wer war eigentlich Prinz Heinrich?   127
Rheinsberg und die Musik   135
Die Kammeroper Rheinsberg   137
Rheinsberg, ein Stadtrundgang ✉   **138**
Rheinsbergs Feriendörfer   **145**
Dorf Zechlin, Flecken Zechlin,
Luhme, Zechlinerhütte und Kleinzerlang
Wer war eigentlich Alfred Wegener?   149
Ausflug nach Mirow   **150**

((5)) **Unterwegs im Rhinluch** ✉   **152**
Dörfer am Ruppiner See   **157**
Gut Hesterberg   158
Radensleben   161
Wer war eigentlich Ferdinand von Quast?   162
Gnewikow   162
Von Karwe nach Wustrau   **164**
Karwe, Altfriesack, Wustrau ✉
Seeschlacht bei Karwe   169
Wer war eigentlich Hans Joachim von Zieten?   171
Wer war eigentlich Friedrich C. Graf von Zieten?   176
Im Rhinluch   **177**
Das Ländchen Bellin, Fehrbellin
Die Schlacht von Fehrbellin   181
Hakenberg   183
Linum   185
Wer war eigentlich Luise Hensel?   185
Kremmen ✉   187
Schloss Ziethen   192

Service und Adressen   193
Register   196
Impressum   198

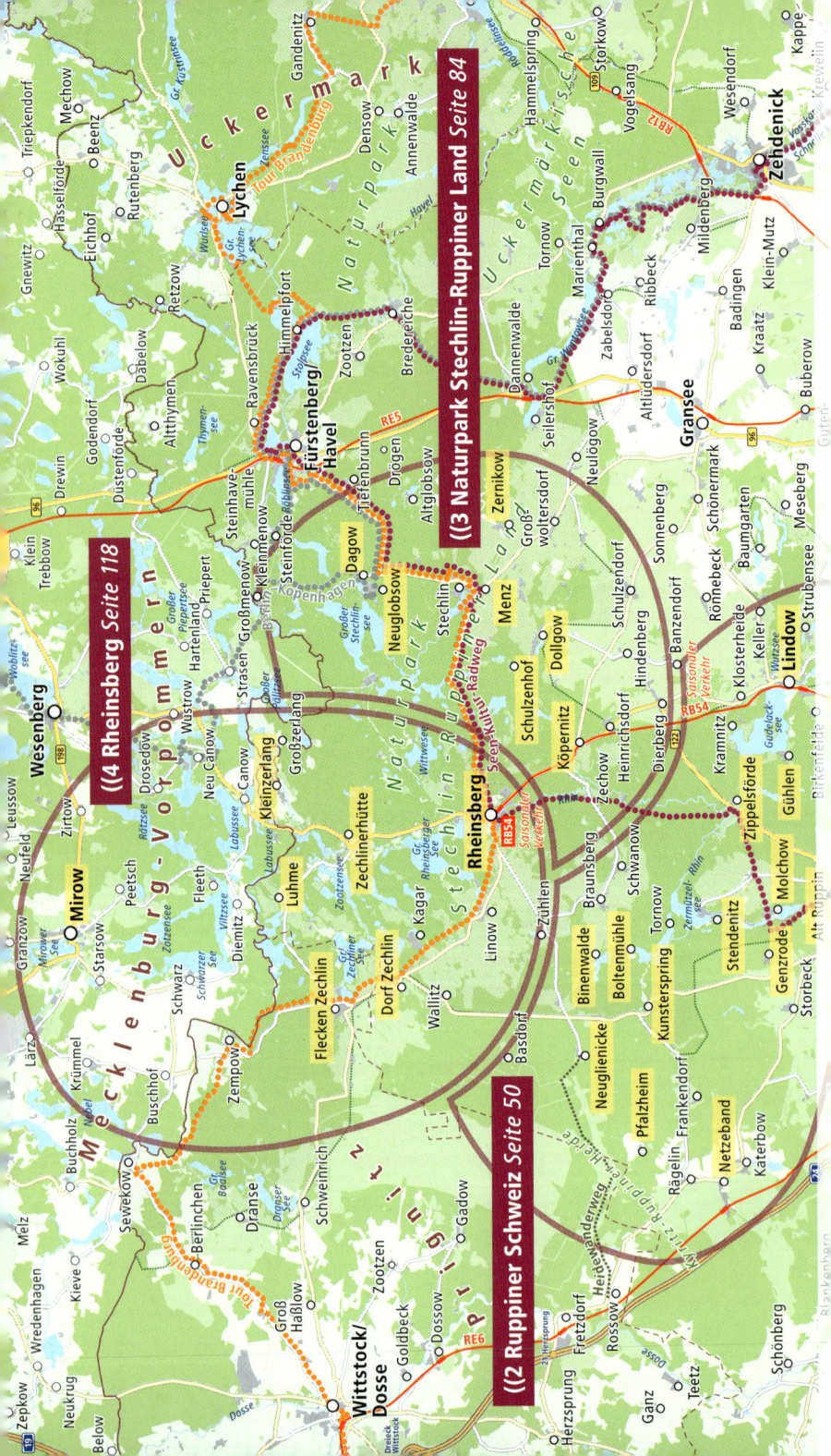

((4 Rheinsberg *Seite 118*

((3 Naturpark Stechlin-Ruppiner Land *Seite 84*

((2 Ruppiner Schweiz *Seite 50*

Mecklenburg-Vorpommern

Prignitz

Uckermark

Naturpark Stechlin-Ruppin

Tour Brandenburg

Uckermärkische Seen

Zehdenick

Lychen

Fürstenberg/Havel

Rheinsberg

Lindow

Gransee

Wittstock/Dosse

Mirow

Wesenberg

RE5

RE6

RB54

RB72

169

96

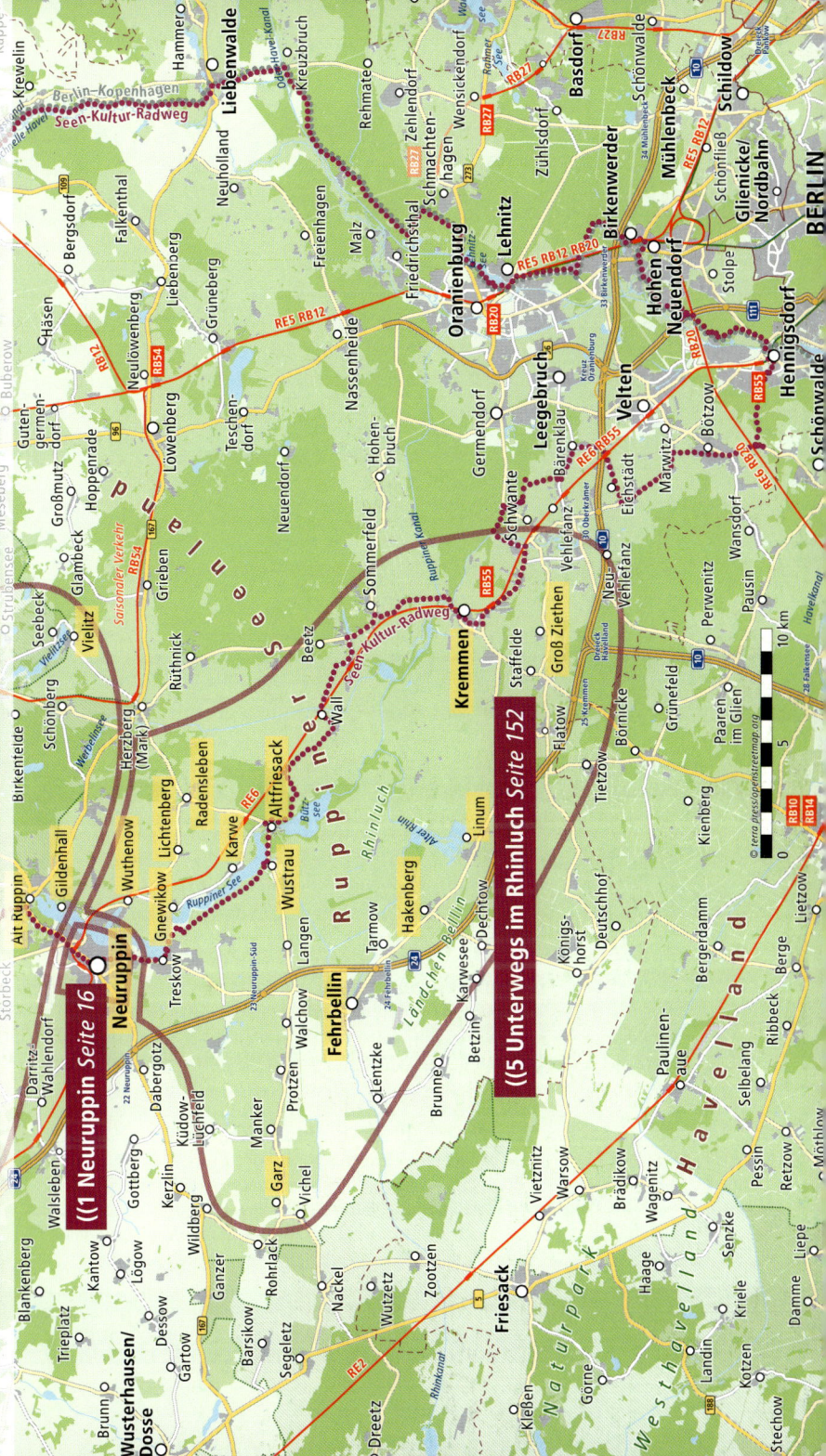

Zermützelsee
► S. 60

Großer Zechliner
See ► S. 145

Großer
Rheinsberger
See ► S. 144

Großer
Stechlinsee
siehe ► S. 90

Gudelacksee
► S. 74

Ruppiner See
► S. 58
► S. 60

WILLKOMMEN IM RUPPINER SEENLAND

Dieser „Wegbegleiter" führt auf einer Erkundungstour durch Brandenburgs Norden, in den zentralen Teil des Ruppiner Seenlandes. Es ist im seenreichen Brandenburg jene Region mit den meisten Gewässern. Ganze Seenketten reihen sich hier aneinander: die Rheinsberger und die Ruppiner Seenkette, dazu das Gewässernetz des Rhinluchs. Flankiert wird diese Seenlandschaft durch die Havel im Osten und die Dosse im Westen. Sie alle zusammen bilden ein 2000 Kilometer langes Wasserrevier, ideal für Kanuten und auf rund 300 Kilometern auch für Motorboote zugelassen. Über Kanäle ist das Ruppiner Seenland mit der Müritz, der Elbe und der Oder verbunden. Wasserwanderer gelangen so bis in die Nord- und Ostsee.

Doch nicht nur bei der Menge der Seen nimmt das Ruppiner Seenland eine Spitzenposition ein. Auch was die Wasserqualität betrifft, ist es nicht zu toppen. Stechlinsee, Tornowsee und viele der anderen Klarwasserseen – Hinterlassenschaften der Eiszeit – gelten als die saubersten Gewässer Deutschlands. Das heißt:

ungetrübter Badespaß, ideale Bedingungen für Taucher, ein Eldorado für Angler. Um einige der Seen wurden Rundwanderwege angelegt. Auch von der Landseite haben die Seen ihren Reiz.

Ein großer Teil des Ruppiner Seenlandes steht im Naturpark „Stechlin-Ruppiner Land" unter besonderem Schutz. Das reiche Kultur- und Naturerbe macht dieses Gebiet besonders attraktiv für Erholung und naturverträglichen Tourismus. Auf alte Stadtkerne mit Stadtmauern stößt man in Neuruppin, Rheinsberg und Kremmen. Zahlreiche Museen laden zur Zeitreise in die Vergangenheit ein.

Die Region in Kapiteln

((**1**)) Unsere Erkundungen im Ruppiner Land beginnen in **Neuruppin**. Die zentrale Lage im Ruppiner Seenland, die Bahnanbindung an Berlin und die Nähe zur Autobahn machen es zu einem idealen Ausgangspunkt für weitere Touren. Radfernwege, Kanurouten und Wanderwege führen aus der Stadt heraus. Auch als Geburtsstadt von Theodor Fontane und Karl Friedrich Schinkel ist Neuruppin eine Reise wert.

((**2**)) Im darauf folgenden Kapitel testen wir den alpinen Charakter der **Ruppiner Schweiz**. Auch wenn das Ergebnis eher bescheiden ausfällt, erleben wir eine reizvolle Landschaft, die mit immer neuen Ausblicken aufwartet.

((**3**)) Im dritten Kapitel erleben wir das vielleicht bekannteste Gewässer im Norden Brandenburgs: den Stechlin im **Naturpark Stechlin-Ruppiner Land**. Und wir werden versuchen, seine Geheimnisse zu lüften.

((**4**)) Dann folgt **Rheinsberg**, die funkelnde Perle in der Seenlandschaft. Die Schöpferkraft der Natur wurde hier mit menschlichem Gestaltungswillen zu einem Ensemble kombiniert, an dem man sich nicht sattsehen kann.

((**5**)) Am Ende unserer Reise durch das Ruppiner Seenland folgen wir dem Ruppiner See südwärts. Der **Rhin** bringt uns dann in eine Luch-Landschaft, das in mühevoller Arbeit einst sumpfiges Gelände, mit Hilfe von Kanälen und Fließen in fruchtbares Land verwandelt wurde.

Die brandenburgische Reiseregion „Ruppiner Seenland" umfasst im Westen Gebiete entlang der Dosse in der Ostprignitz und im Osten das Oberhavelgebiet. Das eine wird im bereits erschienenen „Prignitz. Wegbegleiter" vorgestellt, das andere bleibt einem weiteren „Wegbegleiter" durchs Oberhavel-Gebiet vorbehalten.

Der „Wegbegleiter" stellt drei Städte vor, die der Arbeitsgemeinschaft „Städte mit historischen Stadtkernen des Landes Brandenburg" angehören.

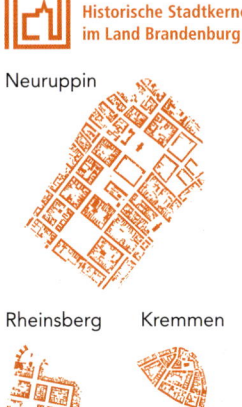

Historische Stadtkerne im Land Brandenburg

Neuruppin

Rheinsberg   Kremmen

500 m

Karte des Kurfürstentums
Brandenburg aus dem
Jahr 1724

- Ruppiner Land

- Mittelmark Brandenburg

- westlich: Altmark
  östlich: Uckermark

- Prignitz

„GRAFSCHAFT RUPPIN" –
ODER WAS?

Es gibt Fehler, die so schön sind, dass niemand ein
Interesse daran hat, sie zu korrigieren. Ein solcher Feh-
ler ist die „Grafschaft Ruppin". Es hat sie nie gegeben
und dennoch geistert ihr Name durch Zeit und Raum:
„Grafschaft Ruppin" heißt der erste Band von Theodor
Fontanes „Wanderungen durch die Mark Brandenburg",
und in Neuruppin arbeitet ein „Historischer Verein der
Grafschaft Ruppin e.V."

Aber weder Fontane noch der heutige Verein sind
ahnungslos in eine Falle getappt. Immerhin schrieb
ein gewisser Friedrich Wilhelm August Bratring im
Jahr 1799 in dem Buch „Die Grafschaft Ruppin": „Man
nennt das Land Ruppin von jeher eine Grafschaft,
ohne zu untersuchen, ob ihm dieser Titel mit Recht
zukomme." Und er stellt klar, dass es die „Grafen von
Lindow und Herren zu Ruppin" waren, auf die die
Verwirrung, die bis heute anhält, zurückgeht.

Dabei wäre zunächst richtigzustellen, dass die
Grafschaft Lindow nichts mit dem „Juwel im Ruppiner
Seenland" zu tun hat, als der sich der nur 13 km

Luftlinie von Neuruppin entfernte Ort Lindow selbst bezeichnet. Die „Grafschaft" bezieht sich auf das heute Lindau genannte Örtchen in der Nähe von Zerbst in Sachsen-Anhalt, rund 110 km Luftlinie von Neuruppin entfernt. Aber wenn jemand „Graf von Lindow und Herr von Ruppin" ist – was macht es dann, ihn gleich als Grafen von Ruppin zu titulieren und Ruppin zur Grafschaft zu machen? Den betreffenden Blaublütlern von damals kann man keinen Vorwurf machen, sie kannten den Unterschied genau und haben Urkunden immer korrekt unterschrieben. Vermasselt hat es die Nachwelt.

Die „Grafen von Lindow und Herren von Ruppin" beherrschten das Ruppiner Land von ca. 1200 bis 1524. In diese Zeit fiel u.a. die Gründung des Dominikanerklosters in Neuruppin. Sie besaßen Gransee, Wusterhausen und Bötzow, das heutige Oranienburg. 1524 erlosch das Adelsgeschlecht, das Fontane als „die mächtigsten Vasallen der brandenburgischen Markgrafen" bezeichnete. Er rühmte sie als „Männer von Welt, von Wissen, von Voraussicht und Klugheit".

Der Besitz fiel an die Lehnsherren zurück und das Ruppiner Land gehörte nun voll und ganz zur Mark Brandenburg. Und noch einmal sei Fontane zitiert: „Die Hohenzollern aber gesellten von jenem Tage an zu der stattlichen Reihe ihrer anderen Namen und Titel auch noch den eines »Grafen von Ruppin«. Als solcher reiste zum Beispiel König Friedrich II., wenn er inkognito unterwegs sein wollte.

Die Landschaft selbst machte all dem, was an Preußen bedeutungsvoll war, alle Ehre. Sie brachte den Baumeister hervor, der hervorragende Bauwerke und ganze Städte prägte: Karl Friedrich Schinkel. Ebenso jenen Literaten, der den Lebensverhältnissen im Preußen ein Denkmal setzte. Und nicht ohne Grund nennt man Neuruppin die preußischste aller preußischen Städte. Wir treffen hier bei der Zeitreise ins 19. Jahrhundert große Feldherren ebenso wie mutige Unternehmer

Die „Grafschaft Ruppin" ist heute Teil des Landkreises Ostprignitz-Ruppin, der flächenmäßig drittgrößte Landkreis des Landes Brandenburg. Wie sich zeigt, ist „Grafschaft Ruppin" ein zugkräftiger Markenname für eine Landschaft, die zauberhafte Orte, wilde Natur, beeindruckende Historie und kreative Menschen zu bieten hat. Warum sollte man an diesem Namen kratzen wollen?

Wappentier der Grafen von Arnsberg als Herren von Ruppin war ein weißer Adler, der nach dem Ende des Adelsgeschlechts in das kurfürstliche, später sogar in das königliche Wappen übernommen wurde, und schmückte mindestens seit dem 19. Jahrhundert in rotem Feld das offizielle Kreiswappen von Ruppin.

Bootsanleger der Reederei Halbeck in Rheinsberg

Eine Seefahrt im Seenland

Es ist eines der schönsten Bootsreviere Europas – das Ruppiner Seenland und die angrenzende Mecklenburgische Seenplatte. Im wasserreichsten Gebiet in Brandenburg gibt es rund 170 Seen, die durch Flüsse und Kanäle miteinander verbunden sind. Über 2.000 km lange Wasserwege können Sie als Seefahrer, Hobbykapitän oder Wasserwanderer befahren. Und das Beste ist, Sie können aus vielen, sehr unterschiedlichen Angeboten das auswählen, was Ihnen am meisten Spaß macht. Sogar mit Haus- und Motorbooten schippern Sie hier nach einer Einweisung ganz ohne Bootsführerschein über die Seen.

Wer es bequem angehen will, der sticht mit einem der Fahrgastschiffe in See, die z.B. in Lindow, Neuruppin und Rheinsberg vor Anker liegen. Sie möchten sich lieber aktiv die Landschaft anschauen? Verleiher von Paddel- und Ruderbooten, Kanus und Kajaks finden Sie u.a. in Rheinsberg, Neuruppin, Himmelpfort und auf fast allen Campingplätzen. Das neue Qualitätssiegel Bett+Kanu zeigt Ihnen, wo es kanufreundliche Herbergen gibt. Im Ruppiner Seenland sind das bisher 30. Die Unterkünfte liegen nicht nur am Wasser, hier können

Qualitätssiegel Bett+Kanu
Anforderungen an Beherbergungsbetriebe
- direkte Wasserlage
- sichere Ablage der Kanus
- Kanuten werden auch für eine Nacht aufgenommen
- Trockenmöglichkeit
- sanitäre Einrichtungen
- Stromanschlüsse
- Gastronomieangebot
- Einkaufsmöglichkeiten
- Auskunft Pegelstände
- An-/Abreise mit öffentlichen Verkehrsmitteln

www.ruppiner-reiseland.de

Sie z.B. Kanus auch sicher ablegen und nasse Kleidung trocknen sowie mit öffentlichen Verkehrsmitteln an- und abreisen. Es gibt auch schöne Wasserwanderrastplätze, wie z.B. am Landhotel Lindengarten in Kleinzerlang oder direkt hinter der Touristinfo Fürstenberg/Havel. Hier „parken" Paddler das Boot und bummeln durch die Stadt.

Besonders umweltfreundlich fahren Sie auch mit dem führerscheinfreien Solarboot der Marina Wolfsbruch in Kleinzerlang über die Gewässer. Der Katamaran bietet bis zu 12 Passagieren Platz. Und wenn die Sonne mal nicht scheint, werden die Batterien an Land aufgeladen. Vom Gudelacksee in Lindow und von Fürstenberg/Havel aus können Sie mit einem BunBo auf Tour gehen. Das BungalowBoot mit Schlafzimmer, Wohnbereich, Kochecke, Dusche/WC und überdachter Terrasse ist ein richtiges Ferienhaus... nur eben auf dem Wasser. An den Stationen Molchow bei Neuruppin und Fürstenberg/Havel liegen Flöße mit 5 PS-Außenbordmotor, mit denen Sie sich das Seengebiet für einen Tag oder gleich mehrere erobern können. Denn die Holzkajüten bieten Übernachtungsplätze für 4 Wassersportfreunde. Schöner kann ein Abenteuer mitten in der Natur gar nicht sein!

Sie sind mit Wohnmobil oder Wohnwagen im Ruppiner Seenland unterwegs? Dann machen Sie es doch zum Hausboot! Das geht hier bestens mit dem freecamper. Das ist eine Art Floß mit Motor, das Ihren Wohnwagen huckepack nimmt. Von der Mietbasis im Ziegeleipark Mildenberg können Sie z.B. zur Müritz und weiter bis Schwerin fahren.

Kanutypen

Zweierkajak

Kanadier

Paddelformen

Kajakpaddel

Tourenpaddel

Stechpaddel

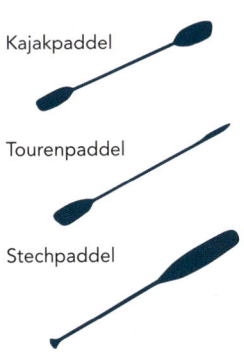

Ausflugsschifffahrt
Reederei Halbeck
in Rheinsberg
Tel. 033931 38619
www.schifffahrt-rheinsberg.de

Floßtouren
Floßverleih TreibGuT
in Molchow
Tel. 0160 96769691
www.flossverleih-treibgut.de

Wasserspaß
Wet & Wild Wasserski-
seilbahn in Velten
Tel. 03303 400145
www.wasserski-berlin.de

Aussichtsstation am Erlebnis-pfad „Von Moor zu Moor" im Naturpark Stechlin-Ruppiner Land

Barrierefreie Reiseziele in Deutschland
Eifel, Romantischer Rhein, Ostfriesland, Fränkisches Seenland, Erfurt, Sächsische Schweiz, Magdeburg, Lausitzer Seenland, Ruppiner Seenland

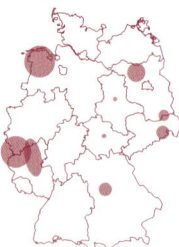

www.barrierefreie-reiseziele.de

RUPPINER SEENLAND – EIN BARRIEREFREIES REISEZIEL

Früher als andere Reiseregionen in Deutschland hat sich das Ruppiner Seenland jener Gäste angenommen, die besondere Unterstützung benötigen. Barrierefreies Reisen wird groß geschrieben. Das Ruppiner Seenland ist Gründungsmitglied der deutschlandweit agierenden Arbeitsgemeinschaft „Barrierefreie Reiseziele in Deutschland". Die Mitglieder der Arbeitsgemeinschaft, zu der in Brandenburg auch das Lausitzer Seenland gehört, bieten allen Gästen einen Aufenthalt entsprechend ihren spezifischen Bedürfnissen.

Zu den barrierefreien Angeboten gehören speziell ausgestattete Unterkünfte, Serviceeinrichtungen und Möglichkeiten der aktiven Erholung. Im Ruppiner Seenland sind das vor allem Erlebnisse am, im und auf dem Wasser. Fast 50 Beherbergungsunternehmen, rund 30 gastronomische Einrichtungen und über 70 Freizeitangebote haben sich auf Besucher mit Handicap eingestellt. Die Palette reicht von Hotels über

Ferienwohnungen bis hin zu Jugendunterkünften und Campingplätzen. Ein ganz besonderes Angebot ist das Vier-Sterne-Hotel HausRheinsberg – Hotel am See. Kein anderes Hotel in Deutschland wurde so konsequent vom rollstuhlgerechten Zimmer bis hin zum Freizeitbereich für Menschen mit Einschränkungen konzipiert.

Gäste im Rollstuhl können im Ruppiner Seenland zum Beispiel mit dem barrierefreien Katamaran über die Rheinsberger Seen schippern oder mittels Einstiegshilfe im klaren Stechlinsee baden. Im Ziegeleipark Mildenberg wird bei speziellen Führungen die Geschichte der Ziegelherstellung im 19. Jahrhundert für das aufstrebende Berlin erzählt. Die Tonlorenbahn bringt alle Besucher in die einzigartige Tonstichlandschaft. Die Besonderheiten des Naturparks Stechlin-Ruppiner Land zeigen der Erlebnispfad „Von Moor zu Moor" mit rollstuhlgerechtem Steg und das Naturparkhaus Stechlin in Menz.

Nähere Informationen auf www.ruppiner-reiseland.de
www.barrierefrei-brandenburg.de

„Aktiv durch das Ruppiner Seenland"
Integrative Sportveranstaltung jährlich am zweiten Sonntag im September
An den Start in Menz gehen Läufer, Walker, Wanderer, Radfahrer, Rennradfahrer und Handbiker.

Barrierefreie Stadtführungen in Neuruppin
Besuchen Sie den Geburtsort Schinkels und Fontanes, die Stadt der Bilderbogen am Ruppiner See
Tourismus-Service „BürgerBahnhof"
Karl-Marx-Straße 1
16816 Neuruppin
Tel. 03391 45460

Rollstuhlgerechter Walderlebnispfad Herzberg
30 interessante Stationen auf einem Kilometer Länge
Pension Restaurant „Waldhof"
Wulkower Chaussee 1
16835 Herzberg
Tel. 033926 70210

Transportleistungen
Transporte von Haus zu Haus sowie Ausflugsfahrten
Steffens Transport GmbH
Dr.-Martin-Hennig-Straße 6
16831 Rheinsberg
Tel. 033931 2700

Erlebnisurlaub Schönbirken
3 barrierefreie Wohnungen und 4 Doppelzimmer, ruhige Lage direkt am See und Naturschutzgebiet, Zugang zum Wutzsee mit eigenem Badestrand
Weg nach Schönbirken 3a
16835 Vielitzsee
Tel. 033933 79530
www.erlebnisurlaub-schoenbirken.de

Aufführung „Grete Minde"
der Fontane-Festspiele vor der
Klosterkirche in Neuruppin

DIE FONTANE-FESTSPIELE

Allzu oft liest man über Theodor Fontane als den „Dichter der Mark" oder noch schlimmer: „märkischer Heimatdichter". Schuld daran sind offenbar die fünf Bände seiner „Wanderungen durch die Mark Brandenburg". Bis in unsere Tage immer wieder neu aufgelegt, mit Bildern versehen, als Hörbuch eingespielt, sind sie sicher das populärste Werk Fontanes. 27 Jahre hat er daran gearbeitet, zwischen 1862 und 1889. Die „Wanderungen" sind gleichermaßen Recherchen eines Journalisten, Stoffsammlungen eines Schriftstellers, vor allem aber Aufzeichnungen eines neugierigen Menschen bei der Erkundung von Land und Leuten in seiner Umgebung. Außerdem sind sie ein fundiertes Geschichtswerk über die Mark Brandenburg. Wer sich für eine der märkischen Adelsfamilien interessiert, schaut zunächst bei Fontane nach. Was er aufgeschrieben hat, kann noch heute bestehen.

Aber was ist Theodor Fontane im Laufe seines Lebens nicht alles gewesen? Apotheker, Theaterkritiker, Auslandskorrespondent, Kriegsberichterstatter (der sogar als Spion verhaftet wurde), Balladendichter, Stückeschreiber... Romancier wurde er erst nach seinem

60. Lebensjahr. Sein Werk ist gewaltig. Die vollständige Ausgabe umfasst 24 Bände. Viele seiner Romane wurden verfilmt oder auf die Schauspielbühne gebracht, Günter Grass hat in seinem Roman „Ein weites Feld" Fontane gar zu einer literarischen Figur gemacht. Wer sich auf Fontane einlässt, betritt ein Universum der Künste.

Fontane in seinem gesamten literarischen Spektrum zu präsentieren, haben sich die Neuruppiner Fontane-Festspiele zur Aufgabe gemacht. Alle zwei Jahre (an den geraden Jahreszahlen) verbreiten insgesamt 50 Veranstaltungen an vielen Orten der Stadt Festivalatmosphäre. Selbstverständlich stehen Wanderungen, Radtouren sowie Bus- und Schiffsausflüge auf den Spuren Fontanes auf dem Programm. Doch damit längst nicht genug: Die Fontane-Festspiele bieten Musik, Theater, Film, bildende Kunst und ganz viel aktuelle Literatur.

Die Fontane-Festspiele finden alle zwei Jahre in Neuruppin statt.

Junge europäische Reiseautoren sind eingeladen, an verschiedenen Orten der Stadt aus ihren Manuskripten zu lesen. Sie bilden ein Festival im Festival, „Neben der Spur" ist sein Name. Der Lyriker Theodor Fontane ist wohl weniger bekannt als der Romancier. Aber genau das ist den Fontane-Festspielen Grund genug für das Fontane-Lyrik-Projekt. Eine Riege bester deutscher Schauspieler kommt dafür nach Neuruppin und trägt lyrische Texte des Meisters vor. Besonderes Augenmerk legt das Fontane-Festival auf junge Autoren. Für sie hat die Neuruppiner Theodor-Fontane-Gesellschaft den „Fontane-Preis für junge Schreibende" in drei Alterskategorien ausgelobt. An dem Wettbewerb beteiligen sich Schüler aus dem Ruppiner Land.

Ein Höhepunkt aller bisherigen Fontane-Festspiele war die Aufführung des musikalischen Dramas „Grete Minde" vor der imposanten Kulisse der Neuruppiner Klosterkirche. Die literarische Vorlage liefert die gleichnamige Novelle Theodor Fontanes, die Musik schuf Siegfried Matthus, und sein Sohn Frank Matthus führte Regie. Die dramatische Handlung beruht auf wahren Begebenheiten, die Fontane 1878 in Tangermünde recherchierte. Grete Minde, die Tochter einer katholischen Spanierin und eines Tangermünder Ratsherren, wird durch die Lieblosigkeit ihrer Umgebung in den Wahnsinn getrieben und setzt die Stadt in Brand. Mit ihr finden auch ihr eigenes sowie das Kind ihres Bruders den Tod in den Flammen.

Fontane-Stadt Neuruppin

Top 10
NICHT VERPASSEN

1 Saunieren hinter einer Panorama-Scheibe mit Aussicht auf den Ruppiner See ▸ S. 34

2 Mit Blick auf den Neuen Markt bei einem Glas Wein ▸ S. 28

3 Die Kulturkirche (ehem. Pfarrkirche) im Rahmen der Klassik-Konzert-Reihe erleben ▸ S. 25

4 In die riesige Sammlung von Neuruppiner Bilderbogen im Stadtmuseum schauen ▸ S. 37

5 Das Treiben auf dem Schulplatz von einem der Straßencafés genießen ▸ S. 45

6 Von der Wichmann-Linde aus über den Ruppiner See blicken ▸ S. 33

7 Die von Max Wiese gestalteten Denkmäler von Fontane und Schinkel besuchen ▸ S. 43, 27

8 Eine „Grete-Minde"-Aufführung zu den Fontane-Festspielen erleben ▸ S. 14

9 Eine ausgiebige Rast im Hof des Up-Hus gleich neben der Siechenkapelle ▸ S. 29

10 Ein Spaziergang durch den Neuruppiner Tempelgarten ▸ S. 40

ANFAHRT

Anreise mit dem Rad
In und in der Nähe von Neuruppin kreuzen sich Radrouten „Historische Stadtkerne 1 und 3". Von hier geht es wahlweise nach Neustadt/Dosse, Wittstock/Dosse, Rheinsberg und Kremmen, alles Mitglieder der Arbeitsgemeinschaft „Städte mit historischen Stadtkernen in Brandenburg".

Anreise mit Bahn und Bus
Der Regional-Express RE 6, der „Prignitz-Express", fährt stündlich von Berlin-Spandau über Hennigsdorf nach Neuruppin.

In Neuruppin verkehren täglich im 15-Minuten-Takt die Bus-Stadtlinien 771 (Ringlinie durch die Innenstadt) und Mo−Fr die Stadtlinie 755 (u.a. mit Halt in Gildenhall).

Anreise mit dem Auto
Von Berlin: Über die A10, Berliner Ring, auf die A24, dort bis zur Ausfahrt Neuruppin-Süd, weiter auf L16; alternativ Ausfahrt Neuruppin, weiter auf B167

Neuruppin

Bahnhofstr.
Am Klappgraben
Gerhart-Hauptmann-Str.
Alt Ruppin
Neuruppin Rheinsberger Tor
Str. des Friedens
Kunsterspring, Boltenmühle
Hans-Thörner-Str.
RE 6
Eisenbahnstr.
Fontanestr.
Heinrich-Heine-Str.
167
Ehem. Wallanlagen
"Prinzenpforte"
Stadtpark
3
Start Stadtrundgang
Bürger Bahnhof
Bahn
1
i
2
Kulturhaus
Hans-Thörner-Str.
Rutscherweg
Rosa-Luxemburg-Str.
Möhringstr.
Schinkelstr.
Schulzenstr.
Virchowstr.
Scharländer Str.
August-Bebel-Str.
Robert-Koch-Str.
Rosenstr.
Ende Stadtrundgang
Karl-Marx-Str.
Steinstr.
Kommunikation
RE 6
Wuthenow
Neuruppin West
Bahn
RE 6
Eisenbahnstr.
Präsidentenstr.
Feuerwache
Lazarettstr.
Schäferstr.
Friedrich-Ebert-Str.
Landkreis Ostprignitz-Ruppin
6
Virchowstr.
Friedrich-Engels-Str.
St. Marienkirche
4 3 Kirchplatz
7 5 Schinkel Denkmal
Kommissionsstr.
Leinweberstr.
Seestr.
Steinstr.
Stadtmauer
Kommunikation
Steinstr.
Tempelgarten
16 10
15 M 4
Museum
Bilderbogen-passage
P
Fontane-haus
Café
20
Schinkelstr.
Weinhaus
Museumshof
2
Fischbänkenstr.
7 Neuer Markt
8
An der Seepromenade
P
Fontane Therme
1
Puschkinstr.
Ehem. Wallanlagen
Puschkinstr.
Stadtmauer
August-Bebel-Str.
Präsidentenstr.
Karl-Marx-Str.
5 19 Schulplatz
Denkmal Friedrich Wilhelm II.
Altes Gymnasium
Wichmannstr.
Eisdiele
Prediger-witwenhaus
Up-Hus
9 9
10 Hospital-kapelle
"Zur Wichmann-linde"
13 Parzival
Café
Fahrgastschifffahrt Anlegestelle, Tretbootverleih
Franz-Künstler-Str.
18 Bernhard-Brasch-Platz
Friedrich-Engels-Str.
Erich-Mühsam-Str.
Klosterstr.
Poststr.
Klosterkirche
11
6 8 12 Wichmann-linde
Ruppiner See
Blücherstr.
Junckerstr.
Franz-Künstler-Str.
Fontane Denkmal
17 7
Fontane-platz
Karl-Marx-Str.
P
Rudolf-Breitscheid-Str.
Schifferstr.
Präsidentenstr.
Wichmannstr.
Kasernen-stuben
14
Bergstr.
Spielplatz
Kommunikation
Fehrbelliner Str.
Feldmannstr.
Feldmannstr.
Karl-Liebknecht-Str.
Karl-Liebknecht-Str.
Kommunikation
Bergstr.
Regattastr.
Heinrich-Mann-Str.
Fehrbelliner Str.
Scholtenstr.
Bütow, Treskow

© openstreetmap.org/terra press
0   250 m

Da wird wohl niemand widersprechen: Neuruppin gehört zu den reizvollsten Städten der Mark Brandenburg. Die gleichermaßen strenge wie verspielte Stadtanlage bietet Raum für Bürgersinn. Das zeigt sich an gepflegten Häusern entlang der schnurgeraden Straßenzeilen, in den drei weiträumigen Plätzen, die als Grünanlagen, Spielplätze und als Orte für kleine oder große Märkte dienen. Der Martinimarkt Anfang November jedes Jahres gilt als „die größte Kirmes zwischen Ostsee und Berlin". Er fand schon über 350 Mal statt. Das schönste an Neuruppin aber ist die Öffnung zum See hin. Mit einer Promenade, die beim ersten wärmenden Sonnenstrahl im Frühjahr die Menschen ans Wasser lockt und dann bis in den späten Herbst nicht mehr loslässt. In Neuruppin angekommen ist, wer aus der Ferne bereits die beiden spitzen Türme der Klosterkirche St. Trinitatis erblickt.

Seit 1998, dem 100. Todestag von Theodor Fontane, trägt Neuruppin den offiziellen Beinamen „Fontanestadt". Der Schriftsteller, von den einen für seine realistisch-kritischen Romane geliebt, von den anderen für seine patriotischen Balladen verehrt und von vielen als Quelle des Wissens über die märkische Heimat genutzt, kam in Neuruppin am vorletzten Tag des Jahres 1819 zu Welt. Als Fontane in den „Wanderungen durch die Mark Brandenburg" über seine Geburtsstadt schrieb, war sie für ihn die Schinkel-Stadt, denn der große preußische Architekt wurde ebenfalls hier geboren, das war im Jahr 1781. Beide ehrt die Stadt Neuruppin mit würdigen Denkmälern. Gebäude, die mit den beiden großen Söhnen Neuruppins verbunden sind, werden wir auf unserem Rundgang sehen.

Als Theodor Fontane das Licht der Welt erblickte, hatten die Neuruppiner Bilderbogen bereits ihren Siegeszug in die Wohnstuben vieler Länder angetreten. Dort erfüllten sie damals die Funktionen, die heute Fernsehen, Radio, Zeitung und Internet ausfüllen. Und sie waren erstaunlich aktuell. Schlachten, Katastrophen, Vermählungen im Hochadel - die Neuruppiner Bilderbogen machten sie anschaulich. Neuruppin, die Medienhauptstadt Europas.

Auf der Liste der flächengrößten Städte Deutschlands steht Neuruppin mit rund 340 Quadratkilometern an 18. Stelle, gleich hinter München und weit vor z.B. Frankfurt/Main (an 44. Stelle). Zu Neuruppin gehören 13 Ortsteile, meist in der Ruppiner Schweiz und am Ruppiner See gelegen. Einst selbstständige Gemeinden, hat jeder Ort seine eigene Geschichte.

Im Neuruppiner Tempelgarten

THEODOR FONTANE
GEB. ZU NEU-RUPPIN D. 30. DEC. 1819
GEST. ZU BERLIN D. 20. SEPT. 1898

Die Seepromenade am Ruppiner See

Rundgang in Neuruppin

Ein Rundgang durch Neuruppin kommt einer kleinen Wanderung gleich. Und dabei verlässt die Route nicht einmal die historische Altstadt. Aber lange und breite Straßen sowie große Plätze summieren sich zu einer gehörigen Wegstrecke. Erst im Laufe der Tour zeigt sich nach und nach, wie abwechslungsreich Neuruppin ist, immer für eine Überraschung gut. Wer die schier endlosen Häuserzeilen mit den klassizistischen Bauten abschreitet, wird kaum glauben, wie nahe das Seeufer mit einer geradezu mediterranen Promenade ist. Die hier beschriebene Tour beansprucht mit Museumsbesuch und ausgiebiger Rast am Ruppiner See einen ganzen Tag. Gönnen Sie sich diese Zeit.

Am Rheinsberger Tor
Wir beginnen unsere Erkundung Neuruppins am Eingangstor der Stadt: dem ① **Bahnhof Rheinsberger Tor**. Wer hier aus dem Zug steigt, hat es nur wenige Minuten zu Fuß ins Stadtzentrum. Dass Neuruppin mit „Neuruppin West" noch einen weiteren Bahnhof besitzt, hängt damit zusammen, dass einst hier mehrere Bahnstrecken zusammenliefen. Der kleine

i Tourismus-Service
BürgerBahnhof GmbH
Karl-Marx-Str. 1
16816 Neuruppin
Tel. 03391 45460
www.tourismus-neuruppin.de
Mai–Sept. Mo–Fr 8–18 Uhr,
Sa 8–16 Uhr, So/F 10–17 Uhr
Okt.–April Mo–Fr 8–16 Uhr,
Do 8–18 Uhr, Sa 8–13 Uhr,
So/F 14–17 Uhr

linke Seite: Fontane-Denkmal in Neuruppin (Ausschnitt)

*Typische Häuserzeile aus dem
frühen 19. Jahrhundert*

Rundturm am Bahnhof wirkt wie eine Mini-Ausgabe
eines Rheinsberger Schlossturms. Vielleicht war es
seine architektonische Extravaganz, die dazu führte,
hier einen „Bürgerbahnhof" einzurichten. Die Deutsche Bahn entließ den Bau in die „Selbstständigkeit":
Eine Touristinformation zog ein und übernahm den
Fahrscheinverkauf gleich mit.

Das ursprüngliche Rheinsberger Tor, auch Altrup-
piner Tor genannt, steht schon lange nicht mehr. Wie
die drei anderen Neuruppiner Stadttore musste es vor
bereits über einhundert Jahren den Ansprüchen des
aufkommenden Straßenverkehrs weichen. Zum Glück
blieb die Stadtbefestigung selbst in Teilen erhalten.
Wir werden ihr auf unserem Rundgang mehrfach
begegnen.

In den 1720er Jahren wurden auf Geheiß des
„Soldatenkönigs" Friedrich Wilhelm I. die Befestigungsanlagen rund um Neuruppin geschliffen und die
dort gewachsenen Bäume zumindest teilweise gefällt,
um Gärten Platz zu machen. Der praktisch denkende
König wollte den Neuruppiner Bürgern und den ein-
quartierten Soldaten eine zusätzliche Ernährungsquelle
verschaffen. Auf einer solchen Fläche entstand später
ein beliebtes Veranstaltungslokal am Rand der Stadt –
der „Stadtgarten".

Heute ist er das ② **Neuruppiner Kulturhaus**, in
dem von der Lesung im kleinen Kreis bis zu Konzerten
mit großem Publikum die verschiedensten Veranstaltungen stattfinden. Der mit Efeu berankte Backsteinbau
kann bis zu 1200 Besucher aufnehmen.

Der Bahnhof Rheinsberger Tor

Auf dem Reißbrett entworfen

Der einstige „Stadtgarten"

Wir folgen der Karl-Marx-Straße ins Stadtinnere und gönnen uns Blicke in die Seitenstraßen. Schon nach einigen Metern wird die gleichmäßige Anlage der Straßen deutlich – wie auf dem Reißbrett gezeichnet. Und tatsächlich: Neuruppin wurde nach einem verheerenden Brand, der am Sonntag, dem 26. August 1787, in einer Getreidescheune ausbrach, nahezu vollständig neu aufgebaut. Insgesamt 401 Bürgerhäuser, eine große Zahl an Neben- und Hintergebäuden, Ställen und Scheunen, die Pfarrkirche St. Marien, das Rathaus und die reformierte Kirche wurden zerstört. Zwei Drittel der Stadt waren vernichtet, Menschenleben zum Glück nicht zu beklagen.

Aktuelle Veranstaltungen im Neuruppiner Kulturhaus: www.kulturhaus-neuruppin.de

Der preußische König Friedrich Wilhelm II. machte den raschen Wiederaufbau der Garnisonstadt zur Chefsache. Das Geld dafür kam aus der Feuerkasse, aus Kirchenkollekten im ganzen Land und aus der Staatskasse. 15 Jahre lang dauerte der Wiederaufbau. Er sah eine Erweiterung der Stadtfläche vor und basierte auf einem regelmäßigen, rechtwinkeligen Netz von Straßen mit zweigeschossigen Traufenhäusern im klassizistischen Stil. Ein strenges Reglement legte die Breite der Straßen, die Fläche der Carees (sie war so bemessen, dass hinter den Wohnhäusern viel Platz für Werkstätten, Remisen und kleine Gärten blieb), Bauweise, Geschosszahl und Zahl der Fenster fest. So entstand jene in sich geschlossene und dennoch weiträumige historische Innenstadt von Neuruppin, wie wir sie heute noch

DER KRONPRINZ IN NEURUPPIN

Als Kronprinz Friedrich im Juni 1732 als Regimentschef nach Neuruppin kam, hatte er bewegte Monate hinter sich. Noch als „Freigänger" auf der Festung Küstrin, durfte er im November 1731 erstmals wieder an den Berliner Hof, zur Hochzeit seiner Schwester Wilhelmine. Bei dieser Gelegenheit wurde ihm die vom Vater ausgesuchte künftige Gemahlin vorgestellt. Am 26. Februar 1732 konnte er die Festung verlassen, bereits drei Tage später wurde er zum Oberst des Infanterieregiments Nr. 15 „von der Goltz" ernannt. Am 30. März war Verlobung mit Elisabeth Christine, Prinzessin von Braunschweig-Bevern, einer Nichte der Kaiserin. Im April trat der Kronprinz zunächst in Nauen seinen Dienst an, ein paar Wochen später in Neuruppin. Die Bürgerschaft der Stadt empfing ihn freudig. Friedrich logierte in einem Doppelhaus einer reichen Witwe.

Nach diesen bewegten Zeiten vergingen die Tage in Neuruppin eintönig. Und so tobte sich der 20-jährige Kronprinz im Kreise der Offiziere kräftig aus. Bei ihren nächtlichen Streifzügen durch die kleine Garnisonstadt übten sie sich im Bürger-Erschrecken und Mädchen-Nachstellen. Später bezeichnete er Neuruppin als den „Schauplatz meiner lärmenden Vergnügungen". Es gehört zu den vielen Widersprüchlichkeiten auch des späteren Königs, dass er einerseits heißblütig und draufgängerisch sein konnte, andererseits aber auch die Musen liebte: die Musik, die Dicht- und Schauspielkunst; er befasste sich mit Geschichte und Philosophie.

Friedrich, der noch als 16-Jähriger die Soldatenuniform einen „Sterbekittel" nannte, lebte sich in Neuruppin ins Soldatenleben hinein. Er war dort selbst Befehlshaber und zugleich Lernender. Sein Regiment war ein altpreußisches Regiment zu Fuß, das 1688 aus hugenottischen Flüchtlingen gebildet wurde. Als Friedrich 1740 den Thron übernahm, rückte es als „Regiment Garde" zum wichtigsten Garderegiment des preußischen Heeres auf und nahm in Potsdam Garnison. Das 1. Bataillon fungierte als königliche Leibwache. Es stellte 1786 die Totenwache des Königs.

Zurück in die Kronprinzenzeit. Auch für die Gestaltung seiner Umwelt nahm sich Friedrich in Neuruppin Zeit. Er setzte sich für den Erhalt und die Verschönerung der Wallanlagen ein, legte sich nahe seinem Wohnhaus einen Garten an und schuf mit seinem Freund Knobelsdorff den Amaltheagarten mit dem Apollo-Tempel. Stolz berichtete er seinem Vater nach Potsdam, dass er hier selbst Obst und Gemüse zieht. Auch Inspektionen auf den Gütern der Umgebung machte er zu seinen Aufgaben.

Im Juni 1733 gab es eine Unterbrechung im Soldatenleben: Auf dem Lustschloss Salzdahlum bei Wolfenbüttel wurde geheiratet. Dem Kronprinzen bereitete das Ganze keine Freude. „Ich will keine Gans zur Frau haben", verkündete er und heiratete dann doch. „Staatsräson" heißt dergleichen noch heute. Der ansonsten als Geizhals bekannte Vater zeigte sich nun großzügig. Er schenkte dem jungen Paar das Wasserschloss in Rheinsberg. Die Mitgift der Prinzessin reichte aus, um es zu einer repräsentativen Residenz des künftigen Königspaares umzubauen. Bis 1736 mussten beide noch warten, bis sie dort einziehen und sich einen kleinen Hofstaat aufbauen konnten.

erleben. Sie gilt als Musterbeispiel frühklassizistischer Städtebaukunst und steht zu großen Teilen unter Denkmalschutz.

Nicht mehr vorhanden ist seit dem Stadtbrand das einst zwischen Rosenstraße und der Robert-Koch-Straße kurz vor der Stadtmauer stehende Fachwerkhaus, das Kronprinz Friedrich während der Neuruppiner Jahre als Wohnung diente. „Prinzenpalais" wurde es daher genannt. Der Wiederaufbau der Stadt hat auf diesen historischen Ort keine Rücksicht genommen. Dadurch ist der genaue Standort kaum zu erkennen. Noch – oder besser: wieder – vorhanden ist allerdings die ③ „Prinzenpforte" in der Stadtmauer. Diesen kleinen Durchgang ließ sich Friedrich angeblich aufbrechen, um jenseits der Mauer ohne Aufsehen und auf kürzestem Wege in seinen Garten zu gelangen.

Kronprinzenpforte
am Ende der Rosenstraße

Die St. Marienkirche (Kulturkirche)

Der langgestreckte Bau des Neuruppiner Amtsgerichtes markiert das nördliche Ende des Kirchplatzes. Es wurde in den 1880er Jahren als Amts- und Landgericht inklusive Gefängnis dort errichtet, wo einst Neuruppins Rathaus stand. Aber schon zieht die Kuppel der ④ St. Marienkirche den Blick auf sich. Sie ist nicht groß, kein Vergleich zur Frauenkirche in Dresden (früher entstanden) oder zur Nikolaikirche in Potsdam (später entstanden), aber die 1806 geweihte St. Marienkirche verkörpert, wie die beiden anderen genannten, den Typus der protestantischen Predigtkirche. Bei ihnen ist die architektonische Gestaltung ganz auf die Wortverkündigung ausgerichtet. Kein Wunder, dass hier eine hervorragende Akustik herrscht.

Als nach Verfall in den 1970er und 1980er Jahren und nach zehnjähriger Restaurierung in den 1990er Jahren eine neue Zweckbestimmung für die Kirche gesucht wurde, lag es daher nahe, sie als Kulturzentrum und Konzerthalle wieder zu eröffnen. Die Kirchgemeinde nutzt die Klosterkirche für ihre Gottesdienste. Im Kirchensaal mit drei Emporenebenen haben bis zu 500 Besucher Platz. Zur Geschichte der Kirche gehören die Predigten von Vertretern der Bekennenden Kirche in den 1930er Jahren, jener evangelischen Oppositionsbewegung gegen den

Veranstaltungsplan:
www.kulturkirche-
neuruppin.de

Dauerausstellung
über Geschichte
des Stadtbrandes
im Turmraum
der Kirche
Di–Sa 10–16 Uhr

KARL FRIEDRICH SCHINKEL

Nationalsozialismus, die grausam unterdrückt wurde. Dazu gehörte auch die weiße Flagge auf der Turmspitze, die am 1. Mai 1945 die kampflose Übergabe der Stadt an die Rote Armee signalisierte.

Der Kirchplatz

Von uralten Baumriesen umgeben, steht ⑤ **Karl Friedrich Schinkel** in Bronze und in voller Lebensgröße auf dem Kirchplatz und lässt die St. Marienkirche nicht aus den Augen. Die Statue zeigt den Baumeister mit einer Zeichnung: ein Entwurf des Schauspielhauses am Berliner Gendarmenmarkt. Sein Denkmal steht dort, wo einst sein Geburtshaus stand. Schöpfer ist Max Wiese (1846–1925), von dem auch das Neuruppiner Fontane-Denkmal stammt. Beide gelten als seine wichtigsten Werke. Am 100. Geburtstag Schinkels wurde der Grundstein gelegt, zweieinhalb Jahre später wurde es enthüllt.

Die Ostseite des Kirchplatzes wird von einem riesigen Gebäude abgeschlossen, das mit seinem üppigen Neorenaissance-Schmuck so gar nicht zu den nüchternen, bescheidenen Bürgerhäusern Neuruppins passen will. Tatsächlich ist es nie ein städtisches Gebäude gewesen. Es wurde für den nach dem Wiener Kongress entstandenen Landkreis Ruppin (innerhalb des preußischen Regierungsbezirkes Potsdam) in der Kaiserzeit errichtet und ist nun ein ⑥ **Verwaltungsgebäude des Landkreises** Ostprignitz-Ruppin. Hier hat der Landrat seinen Sitz.

Der Sitz des Landrates von Ostprignitz-Ruppin

linke Seite: Das von Max Wiese gestaltete Schinkel-Denkmal

WER WAR EIGENTLICH CARL LUDWIG ENGEL?

Beim Wiederaufbau Neuruppins nach dem Stadtbrand konnten sich zahlreiche junge Architekten und Baumeister bewähren. Einer von ihnen war Carl Ludwig Engel (1778 - 1840), dem die Innengestaltung der St. Marienkirche anvertraut wurde. Engel studierte an der Berliner Bauakademie gemeinsam mit Karl Friedrich Schinkel. Beide wurden in ihrem späteren Wirken hervorragende Vertreter des Klassizismus. Zuvor aber waren beide beruflich von der auftragslosen Zeit während der französischen Besetzung Preußens betroffen. Während sich Schinkel in Preußen mit dem Malen von Panoramabildern über Wasser hielt, wanderte Engel nach Russland aus. 1824 brachte er es zum Generalintendanten des Bauwesens im Großfürstentum Finnland (damals Teil Russlands). Er entwarf u.a. das Senats- und das Universitätsgebäude sowie die Domkirche von Helsinki und prägte das klassizistische Antlitz vieler finnischer Städte. Er wird noch heute als einer der bedeutendsten Baumeister Finnlands verehrt.

Altstadtdruckerei
im Museumshof
mit Altstadt-Lädchen
Workshops ab 5 Personen
(bitte vorher anmelden)
Tel. 03391 6593063
www.altstadtdruckerei.de

*Predigerwitwenhaus in der
Fischbänkenstraße 8, heute Sitz
des Tourismusverbandes Ruppiner Seenland*

🍴 Weinhaus
am Neuen Markt
Kommissionsstr. 17
16816 Neuruppin
Tel. 03391 651101
www.weinhaus-neuruppin.de

Der Neue Markt

Die Fischbänkenstraße

Wir wenden uns nun dem entgegengesetzten Ende des
Kirchplatzes zu. Dorthin, wo die Schinkelstraße endet
und die Fischbänkenstraße beginnt. Ein Straßenname,
der deutlich auf das nahe Seeufer hinweist. Gleich am
Anfang der Straße, Adresse: Fischbänkenstraße 3, lädt
eine weit geöffnete Toreinfahrt in den Innenhof ein.
Altes Gerät, Skulpturen, bunte und begrünte Fassaden
versprechen lebendige Vielfalt. In einer historischen
Druckerei können sich die Besucher im Siebdruck
versuchen und ihre eigene Visitenkarte herstellen.

Es folgt im Verlauf der Fischbänkenstraße der
⑦ **Neue Markt**, dessen Name darüber hinwegtäuscht,
dass er noch zur alten Stadtanlage im Seetorviertel
gehörte. Er war einst Fisch- und Wochenmarkt,
Paradeplatz und Richtstätte mit dem Galgen. Heute
ist er Spielplatz für die Jungen und Erholungsort für
die Alten. Im „Weinhaus am Neuen Markt" bekommt
man zum edlen Tropfen Spezialitäten wie französische
Quiche Lorraine oder italienischen Käse.

Rund um den rechteckigen Platz stehen noch einige
Gebäude, die den Stadtbrand von 1787 überstanden
haben. Eins davon ist das ⑧ **Predigerwitwenhaus**, ein
Fachwerkbau von beeindruckenden Ausmaßen aus
dem Jahr 1736. Hier brachte Karl Friedrich Schinkel sieben Jahre seiner Kindheit zu, nachdem sein Vater, ein
evangelischer Geistlicher, kurze Zeit nach dem Stadtbrand verstarb. Auch die Mutter und die Schwester von
Thodor Fontane lebten in diesem Haus. Heute haben
hier die Schinkel-Gesellschaft und der Tourismusverband für das Ruppiner Seenland ihren Sitz.

Die Siechenstraße

Wir biegen in die Siechenstraße ein. Eigentlich ist es eine Gasse, die uns für wenige hundert Meter einen Eindruck vom mittelalterlichen Neuruppin vermittelt. Hier stehen die ältesten erhaltenen, vom Stadtbrand verschonten Häuser von Neuruppin. Nach ca. 100 Metern betreten wir einen lebendigen Hof zwischen dem malerischen ⑨ **Up-Hus** aus dem Jahr 1692, dem Siechenhospital und der Sichenhauskapelle St. Laurentius. Angesichts der ursprünglichen Zweckbestimmung der Gebäude, die aus der Namensgebung zweifelsfrei hervorgeht, verbietet sich eigentlich der Begriff „romantisch" für diese Ecke der Stadt. Dennoch: Hier ist es anheimelnd, hier lässt man sich gern nieder. Zumal das Up-Hus heute eine anspruchsvolle Gaststätte ist, bei der sich das Leben im Sommer außerhalb der urigen Räume auf dem begrünten Hof abspielt.

Das Siechenhaus ist nach grundlegender Sanierung heute ein Gästehaus nach modernem Standard. Auch die dazugehörige ⑩ **Hospitalkapelle** – erbaut 1491 (also noch vor der Entdeckung Amerikas durch Kolumbus) – hat heute eine neue Bestimmung. Das spätgotische Kleinod entzückt die

🍴 Up-Hus Idyll
Restaurant, Hotel, Hofgarten, Kapelle
Siechenstr. 4, 16816 Neuruppin
Tel. 03391 398844, www.neuruppin-hotel.de

Der seeseitige Turm der Kloster-
kirche kann bestiegen werden.

Besucher durch die harmonischen Proportionen, die
dem Raum seinen intimen Charakter bescheren. Es ist
der ideale Ort für Kammerkonzerte, Lesungen und kleine Kunstausstellungen. Eine restaurierte Orgel gehört
zum Inventar. Entlang der Siechenstraße folgen weitere
historische Häuser und gastliche Stätten.

Die Klosterkirche St. Trinitatis
Wir erreichen nun das Wahrzeichen Neuruppins – die
⑪ **Klosterkirche St. Trinitatis** am Ruppiner See. Von
der Seeseite aus zeigt sie tatsächlich ihre volle Schönheit. Der Preis für diese Erscheinung ist eine Abwei-
chung von einer ehernen Regel des mittelalterlichen

Kirchenbaus, die besagt, dass die Längsachse in Ost-West-Richtung verläuft. So ist der Chor mit dem Altar nach Osten ausgerichtet, dorthin, wo die Sonne aufgeht, das ewige Symbol der Auferstehung. In Neuruppin aber zeigt der Chor nach Nordosten.

Beim Bau des Klosters ging es nicht vorrangig um das Seelenheil der damals am Ruppiner See siedelnden Menschen, sondern um das einer einzelnen Person, das von Gebhard, Edler von Arnstein, Graf von Lindow und Herr von Ruppin (die Nachfahren verkürzten den Titel auf „Graf von Ruppin"). Das Kloster sollte als Grabstätte der Adelsfamilie dienen. Jener Gebhard hatte von Kaiser Friedrich II. das Ruppiner Land als Reichslegat erhalten für seine Verdienste während des „Wendenkreuzzuges", also bei der Vertreibung der angestammten slawischen Bevölkerung. Das war im Jahr 1211.

Detail der Klosterkirche St. Trinitatis

Um 1214 begann man am Nordwestufer des Ruppiner Sees eine Stadt nach einheitlichem Plan anzulegen, 1238 wird das spätere Neuruppin erstmals urkundlich erwähnt. Als erste Niederlassung zwischen Elbe und Oder beginnt der Dominikanerorden mit dem Bau eines Klosters, 1246 ist der Bau des Klosters bereits in vollem Gang, zumindest der des Chorraums. 1256 wurde Gebhard hier beigesetzt. Im gleichen Jahr erhielt Neuruppin das Stadtrecht.

Im Gegensatz zu den in unentwickelten Gebieten Brandenburgs tätigen Zisterziensern, deren Wahlspruch „ora et labora" (beten und arbeiten) lautete, siedelten sich die Dominikaner in den Städten an und übernahmen dort Aufgaben in der Bildung und der Seelsorge. Sie sammelten das Geld zum Bau von Predigtkirchen für große Zuhörergemeinden ein. So nahmen sie Einfluss auf die gotische Kirchenarchitektur.

Die Arbeiten am Langhaus dauerten noch mehrere Jahre. Dann war eine der damals größten norddeutschen Hallenkirchen fertig. Allerdings besaß die Kirche damals noch keinen Turm. Ein Dachreiter sollte genügen. Viel später erhielt die Kirche einen einfachen Fachwerkturm. Die eigentlichen Klostergebäude mit Klausur und Kreuzgang schlossen sich in Richtung See an die Kirche an. Sie existieren jedoch seit 1812 nicht mehr, nachdem sie als Militärmagazin genutzt wurden und verfielen.

Die Geschichte von St. Trinitatis handelt von Bränden, Pest-Epidemien, Reformation, Auflösung des Klosters, Dreißigjährigem Krieg. Nur der Stadtbrand von 1787 verschonte das Kloster weitgehend. Der Neubau der Stadtpfarrkirche St. Marien ließ die Klosterkirche in den Hintergrund treten. 1806 sammelten die französischen Besatzungstruppen hier kriegsgefangene Preußen, sieben Jahre später war es umgekehrt.

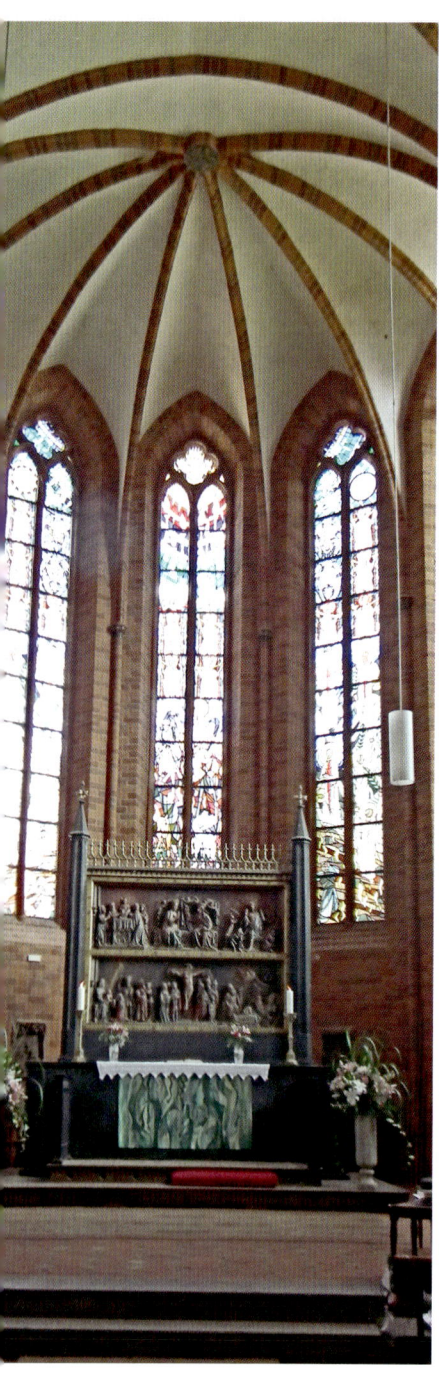

Es war Karl Friedrich Schinkel, der beim preußischen König ein Sanierungsprogramm für alte gotische Bauwerke im Land durchsetzte und im Jahr 1830 daranging, auch die Klosterkirche seiner Heimatstadt vor dem weiteren Verfall zu bewahren und möglichst in den ursprünglichen Zustand zurückzuversetzen. Die Arbeiten dauerten über seinen Tod hinaus an. Der wiederhergestellte Dachreiter hielt jedoch den Stürmen nicht stand, und so erhielt St. Trinitatis in den Jahren 1906/07 endlich die beiden Doppeltürme, so als stünden sie schon ewig dort. Einer der beiden Türme kann erstiegen werden. Er bietet eine Aussicht weit über den Ruppiner See.

Der Innenraum der Kirche zeigt sich hell und warm. Das nachträglich eingezogene, farblich abgesetzte Gewölbe verleiht dem Langhaus jene Leichtigkeit, die eine heitere Stimmung aufkommen lässt. Dass auch in einer Dominikaner-Kirche diesseitig gedacht wurde, zeigt sich am Sandsteinaltar. Unten rechts liegt die Jungfrau Maria mit dem Jesus-Kind im Wochenbett, und neben ihr assistiert eine Hebamme. In der Priesternische des Chores steht eine Sandsteinfigur, die einen Dominikaner-Mönch darstellt. Es soll sich dabei um Wichmann von Arnstein handeln, Bruder des erwähnten Gebhard und Gründer des Klosters. Er wurde 1270 in der Kirche beigesetzt.

Um jenen Wichmann von Arnstein ranken sich Sagen und Legenden. Er selbst hat ihnen durch Mirakelerzählungen immer wieder Nahrung gegeben. Nach seinem Tode soll er als Geist in einer von weißen, kopflosen Pferden gezogenen Kutsche gesehen worden sein. Zwischen der Kirche und dem See steht die stattliche ⑫ „Wichmann-Linde". Unter ihr soll Pater Wichmann in einem gläsernen und einem silbernen Sarg liegen. Er selbst habe bestimmt, dass sein Grab erst geöffnet werden dürfe, wenn die Linde vergangen ist. Seit über 700 Jahren zeigt sie allerdings immer wieder ihr leuchtendes Grün.

Die Wichmann-Linde vor der Klosterkirche

Die Seepromenade

Nun ist die Seepromenade und damit ein Höhepunkt unseres Stadtbummels erreicht. Zeit für eine Pause. Die breite Uferpromenade ist ein beliebter Treffpunkt – besonders an den ersten Sonnentagen im Frühjahr. Wir lassen den Blick schweifen: Links das „Resort Mark Brandenburg" mit der Fontane-Therme und der Schiffsanleger für die Fahrgastschifffahrt, dann der größte Neuruppiner namens ⑬ „**Parzival am See"**. Die 17 Meter hohe Plastik aus Edelstahl ist das Werk von Matthias Zágon Hohl-Stein (geb. 1952), eines im Ruppiner Land lebenden Künstlers, der als Bildhauer, Maler und Grafiker tätig ist. Es ging ein vernehmliches Raunen durch die Stadt, als 1998, anlässlich der Verleihung des Namens „Fontanestadt" an Neuruppin, die Figur am Seeufer aufgestellt wurde. Die Gestalt im Narrenkleid, mit einer Mini-Arche in der einen, einem Windrad in der anderen Hand, hat sich von den Menschen abgewandt und schaut über den See. Es scheint ein erneuter Aufbruch zu sein.

Für die Flächen zwischen Kirche und See lieferte Peter Joseph Lenné Pläne für einen kleinen Park. Die aber wurden nie vollendet.

Fahrgastschifffahrt
Fahrten ab Seepromenade
Tel. 03391 45460
www.schifffahrt-neuruppin.de

- 1h-Rundfahrt auf dem Ruppiner See
- Schleusenfahrt
- Tagestouren
- Themenfahrten

⊛ Resort
Mark Brandenburg
An der Seepromenade 20
16816 Neuruppin
Tel. 03391 40350
www.resort-mark-
brandenburg.de

Fontane Therme
(auch für Tagesgäste)
Mo–So 10–22 Uhr

*„Parzival" von
der Seeseite
aus gesehen*

In Wolfram von Eschenbachs mittelalterlichem Vers-
roman bleibt Parzival der ewig Suchende.

Wenige Meter von der Parzival-Skulptur entfernt, an
der Terrasse des Hotels „Resort Mark Brandenburg",
steht ein weiteres Werk von Matthias Zágon Hohl-Stein:
eine Skulptur, die den lesenden Theodor Fontane
zeigt. Eine moderne Deutung des bekannten Fontane-
Denkmals von Max Wiese.

Klosterkirche   Reste der Stadtmauer,
                 „Wichmann"-Linde

Zurück in Richtung Klosterkirche. Durch eine Öffnung in der Stadtmauer gelangen wir in die Erich-Mühsam-Straße. An der ⑭ **Ecke Bergstraße** stehen wieder Häuser aus der Zeit vor dem Stadtbrand. Darunter ein Fachwerkhaus, das auf Befehl des Kronprinzen Friedrich errichtet wurde, um verheirateten Soldaten mit ihren Familien Quartier zu bieten – die ersten Kasernen. „Unbeweibte" hingegen lebten weiterhin als Untermieter in Bürgerhäusern.

Der Weg führt entlang der Erich-Mühsam-Straße zum Schulplatz, an dessen Rand eine kleine Kopfbüste an einen weiteren Großen aus Neuruppin erinnert: Gustav Kühn, der die Neuruppiner Bilderbogen weltberühmt machte (Foto ► S. 38). Seine Druckerei stand ganz in der Nähe, dort, wo der mehrgeschossige Nachfolgebau einer modernen Druckerei in die Höhe ragt. Er gehört zum Ensemble der Bilderbogen-Passage. Am ursprünglichen Wohn- und Verlagshaus von Gustav Kühn kommen wir später auf unserem Rundgang vorbei.

Fontane-Skulptur im Garten des „Resorts Mark Brandenburg"

Das Museum Neuruppin

Vom Schulplatz gelangen wir weiter durch die Wichmannstraße und stehen in der August-Bebel-Straße vor dem 1791 erbauten ⑮ **Noeldechen-Haus**, dem städtischen Museum. Es wurde erst jüngst um einen modernen Anbau erweitert. Das Stadtmuseum kann auf eine lange Tradition zurückblicken. Der Sohn des

Boat City am Sonnenufer
Zum Schwanenufer 17
16816 Neuruppin
Tel. 03391 405699
www.boat-city.de

Terrassen-Café   Galerie „Am Bollwerk"   Parzival-Figur   Schiffsanleger   Resort Mark Brandenburg   Fontane-Therme

Das Noeldechen-Haus beherbergt das städtische Museum

rechts oben: Eine historische Druckerei wurde im Museum eingerichtet.

rechts unten: Schräg gegenüber dem Museum steht die frühere Bilderbogen-Druckerei des Gustav Kühn.

M Museum Neuruppin
August-Bebel-Straße 14/15
16816 Neuruppin
Tel. 03391 3555100
www.museum-neuruppin.de
April–Sept, Di–So 10–17,
Okt.–März, Di–Fr 11–16,
Sa/So 10–16 Uhr

berühmten Husarengenerals von Zieten sammelte leidenschaftlich Historisches und Kurioses aus der Region. Seine Sammlung bildete den Grundstock des Museums.

Die neu konzipierte Dauerausstellung bietet eine Zeitreise durch das Ruppiner Land von der Ur- und Frühgeschichte bis in die Gegenwart. Dank der zahlreichen historischen Persönlichkeiten, die hier geboren wurden oder wirkten, haben die einzelnen Ausstellungsbereiche ihren sehr persönlichen Zuschnitt. Die Besucher begegnen dem Kronprinzen Friedrich, dem Baumeister Schinkel, dem Schriftsteller Fontane, dem Maler Gentz, und natürlich spielen die Neuruppiner Bilderbogen eine besondere Rolle. Der Werdegang vom Bezeichnen der Steine bis zur Auslieferung der Blätter ist hier dargestellt. Das Museum besitzt mit rund 12.000 Blättern eine riesige Sammlung von ihnen. Die Vielfalt der Themen machen den Reiz des Museums aus. Wer mag, kann sich mittels Kopfhörer durch das Haus führen lassen. Auch der Blick aus dem Fenster hinüber zum Tempelgarten gehört zu den Attraktionen des Museums.

Der Museumsshop bietet Bücher und Postkarten sowie eine reiche Auswahl an Nachdrucken von Neuruppiner Bilderbogen an.

Die Neuruppiner Bilderbogen

Was nicht viel kostet, ist auch nicht viel wert? 3 Pfennige hat ein Neuruppiner Bilderbogen gekostet – und er war für seine kleinen Besitzer ein kleiner Schatz. Stundenlang konnten sie davorsitzen und sich in die Bilderwelt vertiefen. Immer neue Details entdeckten sie, reisten in ferne Länder und vergangene Zeiten, trafen exotische Tiere und seltsame Menschen. Und sie erlebten spannende Geschichten. Dafür konnte der Vater auf ein Bier verzichten.

Neuruppin war damals, wir sprechen von der zweiten Hälfte des 19. Jahrhunderts, so etwas wie das Medienzentrum Deutschlands. Und es strahlte aus nach ganz Europa, sogar über den Atlantik nach Amerika. In für damalige Verhältnisse riesigen Auflagen wurden hier die Bilderbogen gedruckt, koloriert und in ganzen Wagenladungen in die Welt geschickt. Einerseits beflügelten sie die

Die Sage vom Wilhelm Tell – ein beliebtes Bilderbogenmotiv, ausgestellt in einer Vitrine im Museum

Der Druckstein für einen Bilderbogen – Bilder und Schrift mussten spiegelverkehrt aufgebracht werden

Fantasie ihrer Betrachter, andererseits prägten sie das Bild von Ereignissen und Persönlichkeiten für ganze Generationen. Viel konnte man aus ihnen lernen, und was Eltern oder gar Lehrer an ihre Kinder und Schüler weitergaben, wussten sie aus den Neuruppiner Bilderbogen. Mit den Jahren dienten die Bögen nicht mehr nur der Betrachtung, sondern wurden immer mehr Spielzeug. Es begann mit Ankleidefiguren, Aufstellsoldaten (eine ganze Papp-Kompanie konnte man antreten lassen) und Ziehfiguren – den noch immer beliebten Hampelmännern. Dann kamen die Bastelbögen, aus denen man die Weihnachtskrippe zaubern konnte, die „Papiertheater" und die Ausschneidebögen, die man zu Häusern, Kirchen und Burgen zusammenbaute.

Gustav Kühn hieß der kleine Mann mit der großen Wirkung. Er übernahm 1822 die väterliche Druckerei, in der bereits im kleinen Stil Bilderbogen hergestellt wurden. Er führte den 1798 von Alois Senefelder erfundenen Steindruck, die Lithografie, ein und konnte mit einem Schlag viel größere Auflagen

drucken als bisher. Diese waren allerdings nötig, um die Bildbögen trotz kleiner Preise gewinnbringend zu verkaufen. Am Rand des Schulplatzes steht eine kleine Büste von Gustav Kühn, und man möchte mit ihm schmunzeln über all die skurrilen Geschichten auf seinen Bilderbogen. Denn er war nicht nur ihr Drucker, sondern auch der künstlerische Kopf hinter all den bunten Bildern. Es heißt, mindestens 10.000 verschiedene Bilderbogen habe er produziert, ausgemalt wurden sie von Frauen und Kindern in Heimarbeit.

Aber Neuruppin wäre nicht die Hauptstadt der Bilderbogen geworden, hätte es da nicht noch zwei weitere Druckereien mit gleicher Produktion gegeben. Bei insgesamt 400 Arbeitern kann man mit Fug und Recht von einer kleinen Bilderbogen-Industrie sprechen. Dazu kam ein Heer von fahrenden Händlern, die die Bilderbogen überallhinbrachten.

Es war die massenhafte Verbreitung der bebilderten Zeitschriften, die die Neuruppiner Bilderbogen immer mehr unaktuell werden ließ und letztlich überflüssig machte. In den 1930er Jahren wurde ihre Produktion gänzlich eingestellt. Heutige Betrachter können sie immer noch faszinieren.

Büste von Gustav Kühn am Neuruppiner Schulplatz

Der Innenhof des Stadtmuseums mit Blick auf den Tempelgarten hinter der Stadtmauer

Der Apollo-Tempel

Der Tempelgarten

Von der Hofseite des Museum aus gelangen wir durch eine kleine Pforte in den ⑯ **Tempelgarten**. Dieser erste friderizianische Garten – vor Rheinsberg und Sanssouci – fügt sich nahtlos an den Museumsbesuch an. Den Tempelgarten muss man gesehen haben.

Vorher sollte allerdings gesagt sein, dass den Garten zwei sehr unterschiedliche Entwicklungsetappen prägen. Zum einen war es Kronprinz Friedrich, der später als Preußenkönig den Beinamen „der Große" erhielt. Zum anderen die Unternehmerfamilie Gentz mit einem starken Hang zum Orientalischen. Im Garten sind die Übergänge fließend, sodass die beiden Etappen vor allem an zwei Bauwerken festgemacht werden können: dem Apollo-Tempel, der bereits vom Museum aus sichtbar ist, und der Gentz-Villa mit Wintergarten, einem Haus mit stark maurischem Einschlag.

Zunächst zum Kronprinzen. In Neuruppin schuf er sich als 20-Jähriger eine Gartenanlage und nannte sie „**Almathea**" (jene Nymphe in der griechischen Mythologie, die in eine Ziege verwandelt wurde und deren Horn sich immer wieder mit dem füllte, was sich sein Besitzer wünschte). Friedrich baute Obst und Gemüse an und es heißt, Früchte der gärtnerischen Tätigkeit schickte Friedrich an seinen Vater nach Potsdam, um ihn von seiner Tüchtigkeit zu überzeugen.

Der Garten war aber auch der Platz, um sich mit Freunden, meist Offizieren des Regimentes, zur ausgelassenen Gesellschaft zu treffen. Als Ort dafür ließ er auf einem künstlichen Hügel von seinem Freund Georg Wenzeslaus von Knobelsdorff einen steinernen **Apollotempel** errichten. Auf acht Säulen thronte die Statue des Apollo, des Beschützers der schönen Künste. Vermutlich hat der Kronprinz für den Bau das Vorbild antiker Freundschaftstempel selbst vorgegeben. Ursprünglich als freistehender, offener Rundtempel (Monopteros) errichtet, wurden nach dem Tod Friedrichs II. die Öffnungen zwischen den Säulen zugemauert. Vor wenigen Jahren wurde der Bau noch einmal grundlegend saniert.

1853 erwarb die Unternehmerfamilie Gentz den Garten. Nachdem er Jahrzehnte kaum genutzt wurde, war eine gründliche gärtnerische Gestaltung notwendig. Der Potsdamer Hofgärtner Gustav Meyer, ein Schüler von Peter Joseph Lenné, lieferte dafür die Pläne. Sein Ziel war ein „Pflanzen- und Baum-Museum". So brachte er einheimische und exotische Bäume zusammen, die heute den Zauber des Parks ausmachen. Dazu wurden in Dresden barocke Sandsteinplastiken aufgekauft und im Park aufgestellt. Es waren zum Teil Skulpturen historischer Persönlichkeiten (darunter Soliman I., der Begründer des Osmanischen Reiches), zum Teil Putten, die den Jahresverlauf symbolisieren. Die Familie Gentz war es auch, die einen Granitstein zur Erinnerung an den Kronprinzen aufstellen ließ. Auf einer Tafel steht zu lesen: „Unter dem Schatten dieser Bäume überdachte der Kronprinz Friedrich der Einzige die Pläne, welche er als König zur Ausführung brachte. 1733."

Bauwerke
1 Haupttor
2 Herrenhaus „Türkische Villa"
3 Stall, heute Wohnhaus
4 Apollotempel
5 Nordmauer mit Tor
6 Westmauer mit Pergola

Statuen und Gedenkstein
7 Bacchus
8 Flora
9 Zwei Satyrn
10 Süleyman I.
11 Karl V.
12 Phillip II.
13 Unbekannter Herrscher
14 Putten
15 Putto mit Tambourin
16 Gedenkstein für den Kronprinzen Friedrich
17 Stilisierte Bastion
18 Zeusstele
19 Eingemauerter Frauentorso

© Tempelgarten Neuruppin e.V.

Bühne
Tempelgarten
Museum M
Café und Restaurant
Heinrich-Heine-Str.
Weg an der Stadtmauer
Präsidentenstr.
August-Bebel-Str.

© openstreetmap.org / terra press
0   50 m

„Die Türkische Villa" am
Eingang zum Tempelgarten

Kostenlose Führungen
durch den Tempelgarten
Mai bis Oktober jeden
1. Sonntag im Monat 14 Uhr
www.tempelgarten.de

linke Seite: Putten hinter Mau-
ern im orientalischen Stil im
Tempelgarten

Erinnerungs-
stein für
Kronprinz
Friedrich

Gekauft hatte den Garten Johann Christian Gentz,
der vor allem durch den Torfabbau im Ruppiner Land
zu Reichtum gekommen war. Dessen ältester Sohn,
Wilhelm Gentz, brachte es im kaiserlichen Deutschland
zu einem hochgeachteten Maler, er war Mitglied der
Königlichen Akademie der Künste in Berlin. Auf mehreren Reisen in den Orient schuf er zahlreiche Gemälde
mit Darstellungen des Lebens in der arabischen Welt.
Der jüngere Sohn Alexander Gentz übernahm zwar die
Unternehmungen seines Vaters, hatte allerdings ebenfalls ein starkes Interesse am Leben im Nahen Osten.
So ist es kein Wunder, dass die Mauer um den Garten
und die neu errichteten Bauten orientalisch geprägt
waren. Architekt war Carl von Diebitsch (1819–1869),
der später im Auftrag des Vizekönigs Ismail Pascha in
Ägypten tätig war und dort starb.

Der Tempelgarten entstand auf den mittelalterlichen
Wallanlagen, die sich heute als breiter Grünzug um
die Stadt ziehen. Dieser Grüngürtel führt uns entlang
der Puschkinstraße zum berühmten ⑰ **Fontane-
Denkmal** am Ende der Karl-Marx-Straße. Es stellt den
Schriftsteller sitzend auf einer Bank dar. Er schlägt die
Beine lässig übereinander, Hut und Schal sind abgelegt,
der Wanderstock steht angelehnt an der Bank. Offen-
sichtlich rastet er auf einer seiner Wanderungen. Sein
Blick geht in die Ferne, verrät Ruhe und Gelassenheit.
Fontane wurde aus Bronze gegossen, die Bank ist aus
hellem Granit. Das alles wirkt sehr lebendig, aber so,
wie er das sitzt, ist nicht zu erwarten, dass er aufsteht
und herabkommt. Das 1907 eingeweihte Denkmal
schuf Max Wiese. Der älteste Sohn Fontanes soll dafür
Modell gesessen haben.

Neuruppins Plätze

Die Karl-Marx-Straße führt uns nun quer durch die Innenstadt von Neuruppin. Dabei kommen wir an drei großen Plätzen vorbei: dem ⑱ **Bernhard-Matthias-Brasch-Platz** (benannt nach dem Neuruppiner Stadtbaudirektor, der den Wiederaufbau nach dem Stadtbrand organisierte), dem **Schulplatz** und dem **Kirchplatz**, den wir bereits kennengelernt haben.

Der Brasch-Platz ist mit 186 mal 210 Metern der größte. Er ist zum Martinimarkt alljährlich Anfang November zehn Tage lang Anziehungspunkt für Karussell-, Schießbuden- und Bratäpfel-Liebhaber. An normalen Tagen gibt man hier gern Theodor Fontane recht, der über seine Geburtsstadt wenig schmeichelhaft schrieb: „Sie gleicht einem auf Auswuchs gemachten großen Staatsrock, in den sich der Betreffende, weil er von Natur klein ist, nie hineinwachsen kann."

Noch ein paar Schritte, und wir sind am ⑲ **Schulplatz**. Das ist der zentrale Ort in Neuruppin. Er ist von Geschäften umsäumt, hier findet der Wochenmarkt statt. Hier trifft man sich und gönnt sich eine Kaffeepause. Was den Schulplatz wie ein Schloss begrenzt, ist das **Alte Gymnasium**. Als es 1790 nach dem Stadtbrand erbaut wurde, standen die Ideen der Aufklärung in höchstem Ansehen. So wurde dort, wo Fremde eine Residenz erwarten, eine Schule errichtet. Unter dem Giebel die Inschrift „CIVIBUS AEVI FUTURI" – „Den Bürgern des künftigen Zeitalters". Theodor Fontane gehörte zu den Zöglingen, ebenso der Bildhauer Max Wiese und der Dichter Georg Heym. Im Inneren auf den neuesten Stand gebracht, beherbergt sie heute eine Fachhochschule für Mittelstands- und Gesundheitsmanagement, eine Musikschule und die Stadtbibliothek. Das Foyer bietet Raum für Ausstellungen.

Doch ganz ohne König geht es auch in Neuruppin nicht: Gegenüber dem Alten Gymnasium steht das

Der Brasch-Platz hieß früher entsprechend seiner Nutzung durch die Garnison „Paradeplatz"

links: die „Bilderbogenpassage" am Schulplatz macht auf sich aufmerksam

Das Alte Gymnasium mit seinem Glockentürmchen

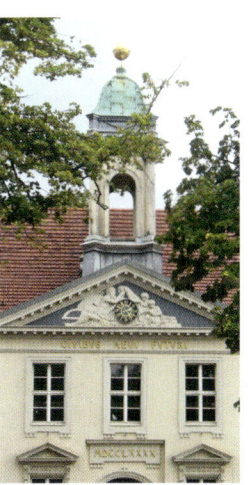

Das von Friedrich Schinkel entworfene Denkmal für König Friedrich Wilhelm II.

🔲 Alle zwei Jahre laden die Fontane-Festspiele zu Musik, Lesung und Theater nach Neuruppin ein.

Fontanes Geburtshaus beherbergt noch heute eine Apotheke

Denkmal für Friedrich Wilhelm II. Damit ehrten die Neuruppiner den Preußenkönig, dem nur wenige Denkmäler gewidmet sind, für seine Finanzhilfe beim Wiederaufbau. Den Entwurf lieferte Karl Friedrich Schinkel, die Skulptur schuf Christian Friedrich Tieck, aufgestellt wurde sie 1829, also 42 Jahre nach dem Brand. Seit 1947 galt die Statue als verschollen. Engagierte Bürger sorgten dafür, dass seit 1998 eine Nachbildung über den Platz wacht. Im Rücken des Königs befindet sich der Zugang zur **Bilderbogenpassage.**

Das ⑳ **Fontane-Haus** ist die letzte Station unseres Rundgangs. Im Obergeschoss der Löwen-Apotheke wurde am 30. Dezember 1819 Theodor Fontane geboren. Genau neun Monate, nachdem seine Eltern, aus Berlin kommend, die Apotheke günstig erwerben konnten. Als Apotheker gehörte der Vater zu den Honoratioren der Stadt. „Der Bilderbogen-Gustav-Kühn und der Maler Wilhelm Gentz waren meine Spielgenossen", schrieb Fontane später in seinen Kindheitserinnerungen.

Vater Louis Henry Fontane war als charmanter Plauderer allseits beliebt, hatte aber einen Fehler: seine Spielsucht. Nachdem er sein ganzes Vermögen innerhalb von sieben Jahren verspielt hatte, musste er das Haus verkaufen, und die Familie siedelte nach Swinemünde über. Als Theodor Fontane 12 bis 14 Jahre alt war, besuchte er das Friedrich-Wilhelm-Gymnasium in Neuruppin, jenen Riesenbau am Schulplatz. Gegen die gängigen Examina an der Schule hatte er etwas: „Wir sind deshalb das langweiligste Volk, weil wir das Examensvolk sind." Übrigens: Schräg gegenüber der Löwen-Apotheke, an Haus Nr. 29, weist eine Gedenktafel auf Gustav Kühn hin, der hier seine erste Verlags- und Produktionsstätte für seine Bilderbogen unterhielt. Der Bahnhof Rheinsberger Tor, wo unser Rundgang endet, ist bereits gut zu sehen.

DIE GARNISONSTADT NEURUPPIN

Neuruppin ist eine der ältesten Militärstädte der Mark Brandenburg. Nachdem der Große Kurfürst 1675 in der Schlacht von Fehrbellin die Schweden endgültig aus seinem Land vertrieben hatte, machte er neben Prenzlau und Wittstock/Dosse auch Neuruppin zu einem Stützpunkt seiner Macht im Norden Brandenburgs. In den folgenden drei Jahrhunderten bezogen hier vor allem Infanterieregimenter Quartier.

Einen Höhepunkt erlebte die Neuruppiner Garnison in den Jahren 1732 bis 1740, in denen der preußische Kronprinz Friedrich als Regimentschef fungierte. Aus der Küstriner Festungshaft entlassen, übernahm Friedrich 1730 ein Infanterieregiment, das fortan den Namen „Regiment Kronprinz" trug. Nach der Thronbesteigung 1740 verlegte Friedrich sein Regiment nach Potsdam, und sein jüngster Bruder Prinz Ferdinand übernahm die Neuruppiner Garnison. Carl von Clausewitz, Preußens bedeutender Militärtheoretiker, diente hier von 1795 bis 1802.

Im 18. Jahrhundert war die Stadt, wie andernorts in Preußen auch, eine einzige Kaserne. Die Rekruten waren in Bürgerwohnungen untergebracht. Nur verheiratete Rekruten bewohnten eigens für sie errichtete „Soldatenhäuser", von denen zwei heute noch erhalten sind. Auch die Neuruppiner Bürger selbst waren Teil der preußischen Militärmaschinerie. Tuchmacher lieferten die Stoffe für Uniformen, es gab eine Garnison- und Industrieschule für Soldatenkinder.

Mit dem Anwachsen der Regimenter und dem Streben der Obrigkeit, Tag und Nacht Zugriff auf die Truppen zu haben, wurden die Soldaten in Kasernen gesteckt. Gewaltige Kasernenkomplexe erinnern auch in Neuruppin an dieses Kapitel der Militärgeschichte. Die Kasernen in der Fehrbelliner Straße gehören zu den ersten nach der „Garnisons-Gebäudeordnung" von 1899 in Preußen errichteten Bauten, die jedem Soldaten eine Fläche von 4,5 m² zubilligte. In den Jahren vor dem 2. Weltkrieg wuchs die Neuruppiner Garnison gewaltig an. Sogar ein Militärflugplatz kam hinzu.

Zum Glück für die Stadt fiel sie 1945 kampflos in die Hände der Roten Armee. Unterschiedliche sowjetische Verbände lagen nun fast 40 Jahre lang in und um Neuruppin. Ihre Uniformen gehörten zum gewohnten Stadtbild. Hier befanden sich u.a. der Stab der 12. Garde-Panzerdivision und ein Jagdbombergeschwader. Mit dem Abzug der sowjetischen Streitkräfte aus Deutschland im Jahr 1993 hörte Neuruppin auf, Garnisonstadt zu sein.

Theodor Fontane und Neuruppin

Am vorletzten Tag des Jahres 1819 kam in Neuruppin ein Knabe zur Welt, der wenige Wochen später auf den Namen Heinrich (Henri) Theodor Fontane getauft wurde. Seine Vorfahren gehörten zu den 5000 Protestanten (Hugenotten), die 1685 vor religiöser Verfolgung aus Frankreich nach Berlin geflohen waren. Über die hugenottische Abstammung Fontanes ist viel geschrieben worden, aber Fakt ist: In den 135 Jahren bis zu seiner Geburt gab es mehr deutsche als französische Ahnen.

Allerdings wäre Theodor Fontane zweifellos ein waschechter Berliner geworden, hätte sein Vater Louis Henri Fontane nach der Hochzeit mit der wohlhabenden Tochter aus ebenfalls hugenottischer Familie nicht die Neuruppiner Löwen-Apotheke gekauft. Theodor, noch im Bauch seiner Mutter, musste mit in die märkische Provinz. In der kleinen, nach einem Stadtbrand unter Mühen gerade wieder aufgebauten Garnisonstadt kamen dann noch drei Geschwister zur Welt. Als Apotheker gehörte der alte Fontane zwar zu den Honoratioren der Stadt und hätte seine Familie gut ernähren können, wären da nicht die Leichtlebigkeit und die Spielsucht gewesen. Der Wirt Michael Protzen verstand es, das Vermögen der Fontanes auf seine Seite zu bringen. In nur sieben Jahren soll die Familie durch den Lebensstil des Vaters rund 10.000 Taler eingebüßt haben. Ein Vermögen.

Im Sommer 1826 blieb Louis Henri Fontane nichts anderes übrig, als die Apotheke zu verkaufen. Allerdings schlug er das Doppelte von dem heraus, was er sieben Jahre zuvor bezahlt hatte. Von den Einnahmen konnte die Familie noch ein Jahr leben, dann ging sie nach Swinemünde, wo der Vater die Adler-Apotheke übernahm. Wie Theodor Fontane bezeugte, erlebte er hier glückliche Jahre. Er wurde aus der Schule abgemeldet, die Mutter übernahm die Rolle der Lehrerin. Ostern 1832 kehrte Fontane als Dreizehnjähriger noch einmal nach Neuruppin zurück. Am hiesigen Gymnasium absolvierte er die Quarta. Bereits im darauffolgenden Schuljahr wechselte er auf Anweisung des Vaters auf die Friedrich-Werdersche Gewerbeschule in Berlin. So enden die Neuruppiner Jahre im Leben des jungen Theodor Fontane.

Was ist geblieben? Zweifellos das geschichtliche Interesse an der Landschaft seiner Kindheit. „Die Grafschaft Ruppin" war der Titel des ersten Bandes seiner „Wanderungen durch die Mark Brandenburg". Auch sein Spätwerk, der „Stechlin", handelt in der Umgebung von Neuruppin. Sicher ist Fontane auch mit den Neuruppiner Bildbögen in Berührung gekommen. Wer mag ausschließen, dass durch sie sein journalistisches Interesse geweckt wurde? Die Stadt Neuruppin kommt in seinen Schilderungen nicht gut weg. Das liest sich so: „Ruppin hat eine schöne Lage – See, Gärten und der ‚Wall' schließen es ein. Nach dem großen Feuer... wurde die Stadt in einer Art Residenzstil wieder aufgebaut... Dadurch entsteht eine Öde und Leere, die zuletzt den Eindruck der Langeweile macht." Das einzig Unregelmäßige hier seien die „unregelmäßigen Verba", die zu pauken waren. Stolz war Fontane zeitlebens darauf, in der gleichen Stadt geboren zu sein wie der große Karl Friedrich Schinkel.

KARL FRIEDRICH SCHINKEL UND NEURUPPIN

Fragen wir Theodor Fontane, dann war Schinkel „unter allen Männern, die Ruppin, Stadt wie Grafschaft, hervorgebracht hat, der bedeutendste", er war der „Schöpfer unserer Baukunst". Da Fontane mit „unserer" die preußische Baukunst in den Jahren nach den Befreiungskriegen meinte, wird ihm niemand widersprechen. Schinkel hat den neuen Selbstbewusstsein in Architektur und Städtebau Ausdruck verliehen. Seine wichtigsten Werke stehen folgerichtig in den Residenzstädten Berlin und Potsdam. Schinkel war zugleich preußischer Patriot, was sich in der Wiederbelebung der Gotik zeigt, aber auch ein glühender Europäer, wie seine klassizistischen Bauten bezeugen.

Karl Friedrich Schinkel wurde am 13. März 1781 in Neuruppin geboren. Sein Vater war Superintendent und starb kurz nach dem großen Stadtbrand 1787 an einer Lungenentzündung. Das Feuer hatte auch Schinkels Haus vernichtet, und so musste die Witwe mit ihren Kindern ins Predigerwitwenhaus ziehen. Es heißt, der Wiederaufbau Neuruppins habe den jungen Schinkel derart beeindruckt, dass er selbst Baumeister werden wollte. Dabei half ihm sein großes zeichnerisches Talent. Am liebsten malte er romantische Landschaften mit fantastischen Gebäuden. In Berlin studierte er bei den damals einflussreichsten Architekten und lernte an der praxisorientierten Bauakademie. Er reiste zwei Jahre lang durch Italien und Frankreich. Zurück in Berlin, musste er nach dem Zusammenbruch des preußischen Staates Jahre ohne Bauaufträge durchstehen. Während der französischen Besetzung malte er riesige Dioramen historischer Ereignisse.

Kaum normalisierten sich die Verhältnisse, konnte sich Schinkel auf die Unterstützung einflussreicher Förderer stützen. Königin Luise beauftrage ihn, ihre Räume im Berliner Schloss neu zu gestalten, er trat in Kontakt zu Graf Hermann von Pückler-Muskau, reiste nach Weimar, um Goethe zu besuchen, entwarf für die Humboldt-Brüder das Schloss Tegel und arbeitete für Staatskanzler Hardenberg in Klein-Glienicke und Quilitz (später Neuhardenberg). Bald übernahm er gewichtige Aufträge des Königshauses: private Bauten wie Schloss Charlottenhof, Repräsentationsbauten wie das Alte Museum in Berlin, Kirchen wie die Nikolaikirche in Potsdam. Als „geheimer Oberbaudirektor" und Leiter der Oberbaudeputation nahm Schinkel wesentlichen Einfluss auf alles Baugeschehen in Preußen.

Seine Aufgabe war es, alle staatlichen Bauvorhaben, die 500 Taler überstiegen, in ökonomischer, funktionaler und ästhetischer Hinsicht zu begutachten und zu überarbeiten. So setzte sich nach und nach ein „Schinkel-Stil" durch, der noch heute die Berliner Innenstadt prägt. Schinkel als Wegbereiter der Moderne. Zu seinen bleibenden Leistungen gehört auch die Einführung des Denkmalschutzes in Preußen. Auch die Reste des Dominikanerklosters seiner Heimatstadt bewahrte er vor endgültigem Verfall und schuf damit die Voraussetzung für den Bau der Doppeltürme der Klosterkirche. Karl Friedrich Schinkel starb am 9. Oktober 1841. Sein Ehrengrab befindet sich auf dem Dorotheenstädtischen Friedhof in Berlin.

Ruppiner Schweiz

Top 10

NICHT VERPASSEN

1 Mit dem Ausflugsboot durch die Ruppiner Schweiz zur Boltenmühle und zurück ▸ S. 59

2 Auf den Spuren von Förster Zander rund um das Waldmuseum Stendenitz ▸ S. 60

3 Ein Besuch der schönen Sabine in Binenwalde ▸ S. 64

4 Auf Abenteuer-Pfad durch die Anlage der Klosterruine Lindow ▸ S. 71

5 Ein Theaterabend in Netzeband ▸ S. 79

6 Mit dem Pferdewagen durch die Wittstock-Ruppiner Heide ▸ S. 82

7 Aug in Aug mit den Wölfen von Kunstspring ▸ S. 78

8 Eine frisch geräucherte Forelle in Zippelsförde genießen ▸ S. 66

9 Eine Wanderung um den Kalksee von der Boltenmühle nach Binenwalde und zurück ▸ S. 64

ANFAHRT

🚲 Anreise mit dem Rad

Die Route 1 der Radrouten „Historische Stadtkerne" führt von Neuruppin nach Rheinsberg.

◆ Mit Bahn und Bus

Der Regional-Express RE 6, der „Prignitz-Express", fährt stündlich von Berlin-Gesundbrunnen bzw. Berlin-Spandau über Hennigsdorf nach Neuruppin (Rheinsberger Tor), alle 2 Stunden bis Netzeband.

Ab Neuruppin verkehren in Richtung Ruppiner Schweiz die Buslinien:
- 779 nach Molchow und Zermützel,
- 781 nach Zippelsförde,
- 764 nach Lindow (Mark),
- 787 Richtung Flecken Zechlin mit Halt Kunstspring,
- Rufbus 794 Richtung Gühlen-Glienicke und Binenwalde (telefon. Voranmeldung 90 Min. vor Fahrtbeginn unter 03391 400618), von Binenwalde ca. 30 Min. Fußweg bis Boltenmühle.

🚗 Mit dem Auto

Von Berlin: Über die A10, Berliner Ring, auf die A24, dort bis zur Ausfahrt Neuruppin-Süd, weiter auf L16; alternativ Ausfahrt Neuruppin, weiter auf B167

Von Neuruppin aus auf Landesstraßen in Richtung Rheinsberg, Flecken Zechlin und Lindow (Mark)

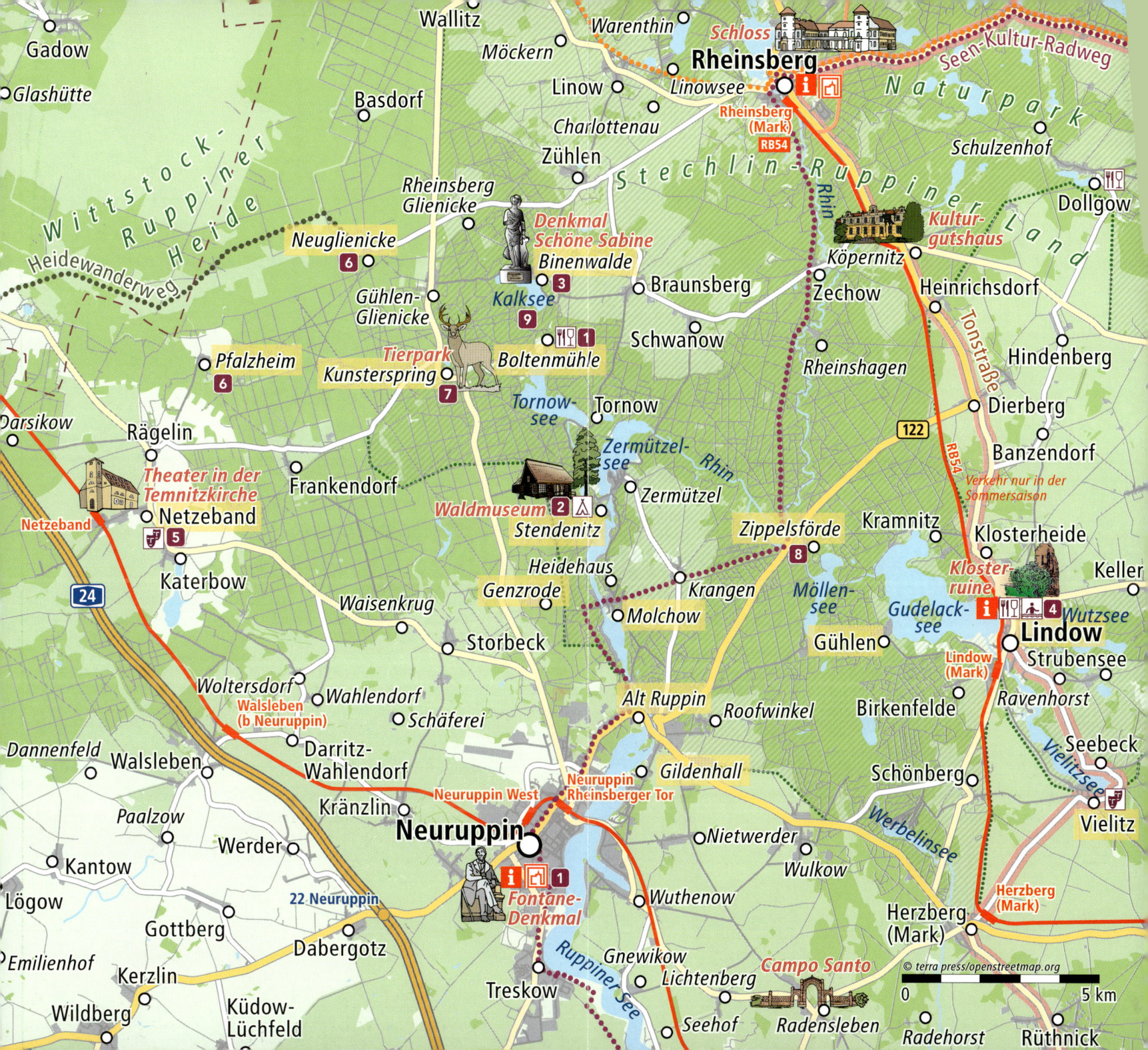

Nördlich von Neuruppin beginnt eine Landschaft, die von dichten Wäldern, steilen Hängen, tiefen Tälern und glasklaren Seen gekennzeichnet ist. Ist es ein Wunder, dass sich dieser Landstrich „Ruppiner Schweiz" nennt? Er gehört damit zu den rund 150 „Schweizen" in Deutschland. Zum Glück geht es bei diesem Ehrennamen nicht um besondere Höhen, denn der Wellerberg, der den Tornowsee zu seinen Füßen um 46 Meter überragt, besitzt kaum alpines Potenzial. Den Reiz der Ruppiner Schweiz macht vor allem das Flüsschen Rhin aus. Wer bei diesem Namen an den „Alten Vater Rhein" denkt, sollte nicht vergessen, dass auch der aus der Schweiz kommt. Unser Rhin entspringt im Rheinsberger Seengebiet und fließt nach knapp 130 Kilometern in die Havel.

Nachdem der Rhin ohne sich zu zeigen durch mehrere Seen hindurchgeflossen ist, erleben wir ihn zum ersten Mal neben dem Rheinsberger Schloss als Abfluss des Gudelacksees. Dann kommt er in die Ruppiner Schweiz. Als wüsste er, was er diesem Namen schuldig ist, erhöht der Rhin deutlich sein Tempo. Er beginnt sich wie ein Bergbach wild durch Talsenken zu schlängeln. Auf den folgenden 16 Kilometern bis Zippelsförde haben ambitionierte Kanuten ihr Paradies. 17 Meter geht es abwärts. Die Ufer sind durch Erlenwälder im Wechsel mit offenen Feuchtgebieten geprägt – Lebensraum für geschützte Tierarten. Dann fließt der Rhin wieder gemächlich von einem See zum anderen. Die Ruppiner Seenkette zieht sich bis Neuruppin hin. Hier kann man den Rhin vom Deck eines Fahrgastschiffes aus genießen. Zwischen diesen Seen nimmt der Rhin immer mal wieder seine normale Gestalt an, wird schmal und bietet Gelegenheit für kleine Brücken. Bei Alt Ruppin erreicht der Rhin den Ruppiner See.

Und das schrieb Theodor Fontane über die Ruppiner Schweiz:
Und fragst du doch: »Den vollsten Reiz,
Wo birgt ihn die Ruppiner Schweiz?
Ist's norderwärts in Rheinsbergs Näh?
Ist's süderwärts am Molchow-See?
Ist's Rottstiel tief im Grunde kühl?
Ist' Kunsterspring, ist's Boltenmühl?
Ist's Boltenmühl, ist's Kunsterspring?
Birgt Pfefferteich den Zauberring?
Ist's Binenwalde?« – Nein, o nein,
Wohin du kommst, da wird es sein,
An jeder Stelle gleichen Reiz
Erschließt dir die Ruppiner Schweiz.

Zwei historische Orte

Zunächst wenden wir uns zwei Orten zu, die zwar zum Neuruppiner Stadtgebiet gehören, mit denen es jedoch ihre eigene, sehr unterschiedliche Bewandtnis hat.

Zunächst das rund sieben Kilometer Luftlinie entfernte **Gentzrode**. Niemand lebt hier mehr, wo zwischen 1934 und 1991 Militärgelände samt Schießplatz war. Eine Raketenbrigade der Roten Armee hatte hier 45 Jahre lang ihr Hauptquartier. In dieser Zeit war Gentzrode eine kleine Stadt mit allem was dazugehört. Das wäre allerdings kaum der Rede wert, ständen da nicht auch viel ältere Hinterlassenschaften der Familie Gentz.

Auf die Kaufmannsdynastie sind wir bereits im Neuruppiner Tempelgarten als Bauherren orientalisch anmutender Gebäude gestoßen. Die dortigen exotischen Bauten werden allerdings von denen in Gentzrode bei Weitem übertroffen. Das ehemalige Herrenhaus und der Kornspeicher beeindrucken noch heute und zeugen von der Verehrung der Bauherren für die arabische Welt.

1855 begannen Johann Christian Gentz und sein Sohn Ludwig Alexander, auf dem „Kalen Berge" ein Mustergut anzulegen. Sie nannten es Gentzrode. Theodor Fontane beschreibt in seinen „Wanderungen durch die Mark Brandenburg" ausführlich die Mühen, die kostete, das Land zu bewässern und für die Landwirtschaft nutzbar

Überbleibsel einer maurischen Anlage in Gentzrode

Das Anwesen in Gentzrode ist derzeit nicht öffentlich zugänglich.

linke Seite: Im Frühjahr bei Binenwalde

Blick über den Ruppiner See nach Neuruppin

Gildenhaller Siedlungshaus

zu machen. Zunächst wurde Carl von Diebitsch beauftragt, einen Kornspeicher im orientalischen Stil zu errichten. Fontane schrieb dazu: „Beim Tode des Alten (1867) befand sich das neu geschaffene Gut in einem durchaus blühenden Zustande… Der Reiz, den diese Gentzroder Schöpfung von Anfang hatte, wird ihr noch auf lange hin verbleiben, der Reiz, daß hier alles erst im Werden ist. Unsere Teilnahme haftet am Unfertigen."

1877 folgte das Herrenhaus nach Entwürfen von Martin Gropius. Auch ein Park wurde angelegt, ein Mausoleum für die Familie sollte folgen. Doch Gentzrode trug zum Ruin der Familie bei. Sie musste verkaufen. In den folgenden Jahren wechselten häufig die Besitzer, keiner entwickelte das Gut weiter. Es verfiel und gelangte 1934 in den Besitz der Wehrmacht. Man kann es wohl als Glück bezeichnen, dass das Herrenhaus nicht für Zielübungen genutzt wurde. Nach 1991 begann erneut ein mehrfacher Besitzerwechsel. Pläne für die verschiedensten Nutzungen gab es zur Genüge. Bauarbeiter wurden dort bisher nicht gesehen.

Eine andere vergleichsweise junge Siedlung ist **Gildenhall** am gegenüberliegenden Ufer des Ruppiner Sees. Hinter den Bäumen verbirgt sich eine fast vergessene Künstlerkolonie. Die Idee vom alternativen Leben ist keine neue Erfindung. Bereits vor über einhundert Jahren fanden sich Menschen zusammen, um auf neue – vor allem gesundheitsfördernde – Art zu leben und zu arbeiten. Gerade rund um Berlin gründeten sich vor und nach dem Ersten Weltkrieg die verschiedensten Reformprojekte. Zum Beispiel die erste vegetarische

Siedlung in Eden bei Oranienburg oder der biologisch-dynamische Bauernhof Marienhöhe bei Bad Saarow. In diese Reihe gehört auch die Kunsthandwerkerkolonie Gildenhall gegenüber von Neuruppin, auf der anderen Seite des Ruppiner Sees. Der Berliner Architekt Georg Heyer pachtete 1921 eine Fläche und gründete die „Freilandsiedlung Gildenhall e.G.m.b.H.".

Namhafte Kunsthandwerker aus ganz Deutschland folgten seinem Ruf und siedelten sich hier an, darunter vor allem Vertreter der Bauhaus- und der Werkbund-Bewegung. Bald gab es in Gildenhall neben einem Sägewerk eine Zimmerei und Bautischlerei, eine Töpferei, eine Werkstatt für Bauplastik und -keramik, eine Handweberei, einen Grobschmied, eine Emaillemalerei, eine Möbeltischlerei und eine Drechslerei. Es folgten Korbflechter, Instrumentenbauer, ein Maler und auch ein Schuhmacher.

1924 bestand Gildenhall aus 47 Siedlungshäusern mit rund 250 Bewohnern. Ziel war es, das Handwerk in einer nichtindustrialisierten Form wiederzubeleben und damit der allgemeinen Mechanisierung entgegenzutreten. Eine von den Gildenhall-Handwerkern gegründete Vermarktungsgesellschaft richtete in Berlin drei Verkaufsstellen ein und organisierte Ausstellungen auf den Leipziger Herbstmessen. Neben dem Handwerk etablierte sich auch kulturelles Leben. Gildenhall hatte eine eigene Schule und eine Theatergruppe. Die Handwerker konnte allerdings der Weltwirtschaftskrise von 1929 nicht standhalten. Ein Betrieb nach dem anderen verschwand. Gildenhall ist heute ein Ortsteil Neuruppins. An den Charakter der einstigen Siedlung erinnert kaum noch etwas.

Handwerk aus Gildenhall: Das Neuruppiner Stadtmuseum erinnert in einem Raum der Dauerausstellung an dieses Kapitel Neuruppiner Geschichte.

Die Kirche St. Nikolai in Alt Ruppin

Porträtbüste für Franz Möhring

Alt Ruppin

Alt Ruppin gilt als das Tor zur Ruppiner Schweiz. Der Rhin zieht sich mitten durch den Ort, bis er schließlich in den Ruppiner See mündet. Der Wasserweg in die Ruppiner Schweiz führt demnach flussaufwärts. Der kleine Ort besitzt eine lange Geschichte.

Der Wendenkreuzzug von 1147 bot zahlreichen Adelsfamilien die einmalige Gelegenheit, sich Ländereien östlich der Elbe anzueignen, die zuvor von slawischen Stämmen besiedelt waren. Es waren die Grafen von Arnstein, die um 1150 die slawische Burg auf dem heutigen Amtswerder am Ruppiner See erbeuteten und zu einer gut befestigten Wasserburg ausbauen ließen. Hier residierten sie und nannten ihre Linie die Grafen von Lindow-Ruppin. Im Schatten jener Burg entstand „Olden Ruppyn" und aus einer dazugehörigen Marktsiedlung nur wenige Jahre später (Neu-)Ruppin. Während der späteren Gründung bereits 1256 die Stadtrechte verliehen wurden, musste Alt Ruppin damit bis 1840 warten. Seit 1993 ist Alt Ruppin ein Ortsteil von Neuruppin.

Während ihrer Herrschaft machten die Grafen von Lindow Alt Ruppin zum politischen und Neuruppin zum wirtschaftlichen Zentrum der Grafschaft. Nach dem Tod des letzten Grafen im Jahr 1524 fielen die Besitzungen dem brandenburgischen Kurfürsten zu, die Burg verfiel. Die Reste lieferten nach dem großen Stadtbrand in Neuruppin von 1787 Steine für den Wiederaufbau.

Auch wenn die Burg nicht mehr existiert, bietet die Stadt mit der **Pfarrkirche St. Nikolai** viel Geschichte. Denn die einschiffige, gotische Backsteinkirche wurde bereits im Jahre 1230 auf Granitsockeln erbaut. Der östliche Teil der Kirche ist bis heute erhalten. Der Westteil aus Fachwerk musste allerdings wegen seiner Baufälligkeit im 17. Jahrhundert mit Backstein erneuert werden. Im Innern umfangreich saniert, sind der Kanzelaltar von 1712 und die Rokoko-Orgel von 1767 Schmuckstücke der Pfarrkirche. Auf dem **Kirchplatz** erinnert ein Denkmal an den Musiklehrer und Komponisten Ferdinand Möhring (1816-1887), der in Alt Ruppin geboren wurde. Das Denkmal schuf 1897 der Bildhauer Max Wiese (1846-1925).

Auch für Naturfreunde hat der Ort Reizvolles zu bieten: Zwei Arme des Rhin durchfließen die Stadt und laden ein zum Bummeln und Bootfahren. Alljährlich am ersten Augustwochenende veranstaltet das Städtchen seit über neun Jahrzehnten ein ganz besonderes Fest – die **Alt Ruppiner Korsofahrt**. Dann werden Ufer und Boote mit viele Liebe und bunten Lichtern geschmückt, und

Der Rhin in Alt Ruppin

die Alt Ruppiner feiern mit ihren Gästen bis tief in die Nacht. Ein Museum zum Anfassen und Ausprobieren ist die **Waldzentrale**, die aus dem einstigen kleinen Forstmuseum entstand. Hier können vor allem Kinder und Jugendliche selbst einmal Förster oder Waldarbeiter sein und Verantwortung für den Wald übernehmen.

DIE RUPPINER SEENKETTE

Wir verlassen Alt Ruppin den Rhin aufwärts. Zunächst geht es durch eine von vielen Laubenpiepern angelegte Gartenlandschaft. Wenn die Sommerhäuschen am Wasser (die „Datschen") dem Wald gewichen sind, kommt die Schleuse Alt Ruppin. Sie hebt die Schiffe und Boote um 2 Meter an. Gleich neben der Schleuse steht der Kornspeicher von Neumühle. Der Tischlermeister Manfred Neumann hat sich hier in jahrelanger Arbeit einen Kindheitstraum verwirklicht. Er hat den riesigen **Kornspeicher** einer nicht mehr vorhandenen

Schifffahrt Neuruppin
und Tourismus-Service
An der Seepromenade
16816 Neuruppin
Tel. 03391 45460
www.schifffahrt-neuruppin.de

• Tagestouren zur Bolten-
  mühle oder Lindow
• Rundfahrten Ruppiner See
• Schleusenfahrt

59

Boltenmühle

Tornowsee

Lindow

Rottstiel-
fließ

Rhin

Zermützelsee

Zermützel

Stendenitz

Tetzensee

Molchow

Molchowsee

Alt Ruppin

Ruppiner See

Neuruppin

Gildenhall

Wuthenow

Ruppiner See

Rhin

Ruppiner See

Wustrau

Wassermühle zu einem Kulturtempel umgebaut. Hier finden Konzerte der verschiedensten Art statt. Es kommen Musiker aller Stilrichtungen. Nur langweilig dürfen sie nicht sein. Hier ist Platz für Ausstellungen, ein Kino ist eingebaut und der Tischlermeister hat hier genug Platz für seine Möbelrestaurierungen und seinen Antiquitätenhandel.

Dann beginnt die Weiterfahrt in den **Molchowsee**. Seine Wasserqualität wurde mit „ausgezeichnet" festgestellt. Es gibt zwei Badestellen, eine an der Alt Ruppiner Schleuse, die andere im Ort Molchow. Am Ende des Sees liegt das idyllische Dorf Molchow. Theodor Fontane beschreibt in den „Wanderungen durch die Mark Brandenburg" den außergewöhnlichen Glockenturm des Runddorfes: „Aus der Mitte des Platzes wächst ein Turm auf, unheimlich und grotesk, als habe ihn ein Schilderhaus mit einer alten Windmühle gezeugt. Von beiden etwas." Heute befindet sich in Molchow ein gut ausgestatteter Wasserwanderstützpunkt.

Es folgt der bei Anglern beliebte **Tetzensee**. Er besitzt einen breiten Schilfgürtel, ideal für Fische. Hier leben Welse, Hechte, Zander, Barsche, Aale, Karpfen, Schleien und Weißfische.

Bei Stendenitz führt eine geschwungene Holzbrücke über den Rhin. Hier beginnt der **Zermützelsee**. An seinem bewaldeten Ufer haben sich gleich zwei Campingplätze etabliert. Die 4-Sterne-Anlage direkt am Ufer des Zermützelsees bietet Bootsliegeplätze, Mietwohnwagen und eine Reisemobilver- und -entsorgungsstation. Zudem gibt es einen Kanu- und Radverleih und Gastronomie am Platz.

Ein besonderer Anziehungspunkt ist das **Waldmuseum Stendenitz**, eines der ältesten Einrichtungen dieser Art in Deutschland. Nur ein paar Meter vom Ufer entfernt steht ein schilfgedecktes Blockhaus. In zwei Räumen wird vor allem anhand von Präparaten die Tierwelt in den Wäldern der Ruppiner Schweiz vorgestellt. Initiator des Museums war Hans Zander, der von 1929 bis 1944 Förster im Revier Rottstiel des Forstamtes Alt Ruppin war. Vor der Tür beginnt ein **Walderlebnispfad**. An den Stationen gibt Förster Zander in einem fiktiven Dialog mit seiner Tochter Erläuterungen zum Leben im Wald und er stellt eine Aufgabe für die Besucher.

Dort, wo wiederum eine Holzbrücke über das Wasser führt, verlässt uns der Rhin und macht sich auf den Weg in den **Gudelacksee** bei Lindow (Mark). Lindow besuchen wir auf den
▸ Seiten 67 bis 76.
Wer vom Zermützelsee auf ungefähr halber Höhe westlich in den Rottstielfließ einbiegt, kommt

Auf dem Rhin

nach ca. 2 Kilometern, vorbei an einer Badestelle, in den **Tornowsee**. Er befindet sich mitten im einem Landschaftsschutzgebiet. Motorboote sind hier nicht erlaubt. Der Fontanewanderweg führt auf einer Strecke von etwa sieben Kilometern Länge vollständig um den See herum. Es geht durch Altbuchenbestände, die sich mit einer reichen Feuchtvegetation an den Ufern abwechseln. So sind noch seltene Pflanzen zu finden. Der Rundweg quert die Tornowquelle, den Binenbach und das Rottstielfließ, führt am Weilickenberg und am Aussichtspunkt Zanderblick vorüber. Am nördlichen Ende des Sees erwartet uns die Boltenmühle.

Waldschenke Stendenitz
Stendenitz 13, 16827 Molchow
Tel. 03391 775119

Campingplatz
„Am Forsthaus Rottstiel"
Vier-Sterne Campingplatz-
anlage am Tornowsee
16827 Stendenitz
Tel. 033929 70644

Das Waldmuseum Stendenitz

Boltenmühle

Mitten in Wald, nur auf einer engen Straße erreichbar, steht am nördlichen Ufer des Tornowsees die Boltenmühle. Eine Augenweide! Ein stattlicher Fachwerkbau, dessen Walmdach samt Mansarde auf einen Bau während der Zeit des Barock schließen lässt. An einer Längsseite dreht sich ein Wasserrad. Romantik pur. Und viel zu schön, um wahr zu sein. Wir werden sehen.

„Wahrlich, wenn ich nicht Herr von Rheinsberg wäre, möchte ich Müller von Boltenmühle sein…", soll Kronprinz Friedrich beim Anblick dieses Kleinods gesagt haben. Bereits zu Zeiten seines Vaters, des preußischen „Soldatenkönigs", konnte Mühlenmeister Hans Joachim Boldte (noch mit d im Namen) ein Stück Land erwerben, um darauf auf eigene Kosten eine Mühle zu errichten. Es war zunächst eine Sägemühle, die dazu diente, das Holz der umgebenden Wälder in transportable Stücke zu zerkleinern. Obwohl 1720 die Lizenz zum Mahlen von Getreide hinzukam, arbeitete die Mühle nicht wirtschaftlich. 1731 wurde sie versteigert und 1735 erneut verkauft. Das war die Zeit, auf der das Zitat des Kronprinzen stammt. Ober er die wirtschaftliche Lage der Mühle kannte?

Der Wellness-Tempel der Boltenmühle

Noch etliche Male wechselte die Mühle den Besitzer. Aber die Lage verschlechterte sich zunehmend. Zunächst wurde der Mahlzwang aufgehoben, und der Müller verlor angesichts seiner weit entfernten Lage seine zugewiesene Kundschaft, dann ging das Recht, Holz im Wald einzuschlagen, verloren und schließlich verlangten die Bewohner von Binenwalde eine Absenkung des Mühlteiches. Der Müller wurde daraufhin zum Bauer. Ein kleine Landwirtschaft hielt die Familie noch eine Weile über Wasser. 1932 kaufte der Bäcker Alfred Schultze die Boltenmühle und machte aus ihr eine beliebte Ausflugsgaststätte, deren guter Ruf sich bis nach Berlin herumsprach. Von 1959 bis 1992 lief die Bewirtung in der Regie der Konsumgenossenschaft. Schon damals zweigte man Wasser vom Binenbach ab und ließ es durch den Gastraum fließen. Nahe der Mühle legten regelmäßig die Schiffe der Neuruppiner Fahrgastschifffahrt an. Es heißt, Brandstiftung sei im Spiel gewesen, als im Sommer 1992 das Haus bis auf die Grundmauern abbrannte. Ein neuer Besitzer machte sich 1994 daran, das Mühlhaus nach alten Vorlagen wieder aufzubauen. Wahr ist also, dass die heutige Boltenmühle ein Neubau ist, der allerdings präzise dem historischen Original entspricht.

Die heutige Boltenmühle ist allerdings weit mehr als eine Ausflugsgaststätte. Es ist ein Hotel mit einem umfangreichen Wellness-Angebot. In das

🍴📍 Hotel & Restautant
Boltenmühle
Boltenmühle 1
16818 Neuruppin
OT Gühlen-Glienicke
Tel. 033929 70500
www.boltenmuehle.de

Restaurant täglich
7.30–22 Uhr geöffnet
(warme Küche 11.30–21 Uhr)

Natürlich gibt es zur Boltenmühle auch eine Sage. Sie handelt von Mord und Totschlag und einer bösen Müllerin, deren Geist schließlich in eine Flasche gebannt wurde. Was das Ganze mit der Boltenmühle zu tun hat? Wer weiß?

5-km-Wanderung rund um den Kalksee

Los geht es an der Boltenmühle. Wir folgen dem Binenbach, der sich durch wilde Schluchten schlängelt. Uralter Buchenmischwald breitet sein dichtes Blätterdach aus. Wo der Binenbach endet, beginnt der Kalksee. Ein Badesee mit Badestellen am Südufer und vollkommen motorbootfrei. Er bringt es auf bis zu 22 Meter Tiefe. Eine Handvoll Häuser an seinem Ostufer – das ist Binenwalde, fast vergessen vom Rest der Welt. Zurück geht es wieder am Binenbach entlang zur Boltenmühle. Eine kleine Stärkung ist bestimmt noch drin, bevor das Schiff Richtung Neuruppin in See sticht.

Neuzeitliche Plastik der „schönen Sabine"

Fachwerkhaus wurden acht Doppelzimmer eingebaut. Ein neu errichtetes Gästehaus in der unmittelbaren Nachbarschaft bietet weitere 18 Zimmer, ein weiteres Haus und vier großzügige Appartements sowie zwei Ferienwohnungen. Zum Anwesen gehört neuerdings auch ein Wellnesshaus mit Solebecken, Sauna und Massageräumen. Als Service werden eine Fahrrad- und eine Kanu-Ausleihe angeboten.

Binenwalde

Wer in der Ruppiner Schweiz einen Flecken Erde sucht, der mit der echten Schweiz einen Hauch Ähnlichkeit besitzt, der muss Binenwalde (ohne „ie"!) besuchen. Die Straße schlängelt sich an einem steilen Abhang entlang, und der Ort versteckt sich zwischen grünen Hügeln. Wenn an den Hängen des Ortes Rinder weiden, glaubt man sich im Land der Alpenmilch.

Binenwalde verdankt seine Existenz König Friedrich II., als zwischen 1747 und 1759 im Kreis Ruppin insgesamt 30 Kolonistensiedlungen entstanden, Der Förster Ernst Ludewig Cusig versprach in einem Erbzinskontrakt den Aufbau von Binenwalde. Er erhielt dafür 357 Morgen Land und verpflichtete sich, acht Kolonisten aufzunehmen und ihnen je 2 Morgen Gartenland zu überlassen. Der Förster errichtete für sich ein repräsentatives Gebäude im barocken Stil. Wie ein **Schloss** sieht es aus, aber es ist nie eines gewesen. In den Nachkriegsjahren diente es als Heim für elternlose Kinder.

Der Name der Kolonie geht auf die Frau des Ortsgründers zurück. Sie hieß Sabine. Mit dieser historisch

Eine Geschichte
wie aus dem Groschenroman

,, Es war einmal ein junger Prinz, der ritt fast täglich hin und her zwischen seinem Schloss in Rheinsberg und der Stadt Neuruppin. Eines schönen Abends hörte er die Stimme eines Mädchens. Da stoppte er sein Pferd, nahm seine Querflöte und fiel sogleich in den Gesang ein. Das Mädchen sah den Flötenspieler und sagte: „Ei, das war hübsch Spielmann, blast noch eins:" Der Fremde kam dem Wunsch gern nach. Da aber erscholl der Ruf über den See: „Sabine, Sabine" und das Echo wiederholte: „Bine, Bine". Rasch sprang das Mädchen auf und rief noch beim Wegrudern: „Habt Dank Spielmann und kommt bald wieder." An den kommenden Tagen gab es weitere Begegnungen, ohne dass der Prinz seine Identität preisgab. Eines Abends kam er jedoch nicht zum Stelldichein und blieb auch an den nächsten Tagen fern." So die Sage.

Also machen wir es kurz: Der Flötenspieler war Friedrich II. in seiner Kronprinzenzeit und auch das Mädchen hat es tatsächlich gegeben. Die schöne Förstertochter hieß Sabine Cusig, 1715 als Zwillingstochter des königlichen „Heydereuters" Anton Scott geboren und 1783 gestorben. Ob es aber ein Liebesverhältnis zwischen dem 20-jährigen Prinzen und der 17-jährigen Förstertochter je gegeben hat, ist nirgendwo belegt. Sehr wahrscheinlich ist die Geschichte ein Märchen, weil beide zur Zeit ihrer vermeintlichen Begegnung bereits verheiratet waren. Dem „Volksmund" war dies offenbar kein Grund, der schönen Legende zu glauben.

Und wie es mit schönen Geschichten so ist – sie werden immer schöner. In seinen „Wanderungen durch die Mark Brandenburg" machte Theodor Fontane aus der Begegnung bereits eine Affäre: „Von Rheinsberg aus herüberkommend, gab er im Abenddämmer das wohlbekannte Zeichen nach dem mitten im See gelegenen Forsthaus hinüber, und nicht lange, so glitt ein Kahn aus dem Schilfgürtel hervor und der Stelle zu, wo der Prinz, unter den Zweigen einer überhängenden Buche, die schöne Sabine, das „Insel- und Försterkind", erwartete. Die schöne Sabine aber stand lächelnd aufrecht im Kahn, das Ruder mit raschem Schlage führend, bis im nächsten Moment das Ruder ans Land und sie selbst dem Harrenden in die Arme flog."

In der Zeit des deutschen Kaiserreiches nach 1871 wurde die Sabinengeschichte zum Rührstück. Es erschienen: 1882 die Erzählung „Bine" von Karl Schultz, 1892 die Novelle „Die Bine" von Albert Wittstock, 1913 die Idylle ‚Die schöne Sabine' von M. Ludolf (Pseudonym für die Neuruppinerin Maria Gumprecht) und nach 1915 der Roman „Die schöne Sabine" von Paul Schulze-Berghof. Diese literarischen Produkte trugen auf ihre Weise zum Hohenzollernkult in der Spätphase der Monarchie bei (nach www.guehlen-glienicke.de).

belegten schönen Sabine hat die frühere Heimatdichtung Legenden aus der Neuruppiner und Rheinsberger Zeit des jungen Kronprinzen Friedrich verwoben.

Ein späterer Besitzer des Gutes Binenwalde ließ 1843 die lebensgroße **Figur der Sabine** dem Gutshaus gegenüber aufstellen. 1945 wurde das Standbild mutwillig zerstört. Es stellte lebensgroß die Sabine mit Bogen und Jagdhund als Jägerin dar. Seit 2007 hat Binenwalde wieder ein Sabinendenkmal, hoch über

Das Herrenhaus von Binenwalde

dem Ort. Stufen führen hinauf. Die neue Sabine aus Granit wurde in Indien unter der Leitung eines deutschen Bildhauers hergestellt.

Zippelsförde

Auf halbem Weg nach Lindow liegt mitten im Wald Zippelsförde. Am hiesigen Wehr endet nach durchschnittlich viereinhalb Stunden und 16 Kilometer langer Kanufahrt von Rheinsberg aus die **Wildwassertour** auf dem Rheinsberger Rhin. Das Gefälle beträgt dabei für Brandenburger Verhältnisse beachtlich 17 Meter. Kleinbusse bringen auf Wunsch das Kanu an den Ausgangspunkt zurück. Wer bereit ist, die Tour um weitere viereinhalb Stunden zu verlängern, gelangt schließlich bis Alt Ruppin.

Bekannt ist Zippelsförde durch seine **Fischzucht**. In dem extrem sauberen Wasser der Zuchtanlage wachsen Forellen, Saiblinge und Karpfen heran, aber auch neuerdings Störe, aus denen feinster Kaviar gewonnen wird. Angler können in den Teichen selbst die Köder auswerfen. Hier versuchen ambitionierte Angler ebenso wie Anfänger ihr Glück. Einmal im Monat ist Wels-Angeln angesagt.

Fischzucht
Zippelsförde GmbH
Rheinshagener Weg 10
16827 Zippelsförde
Tel. 033933 70820
www.fischzucht-
zippelsfoerde.de
geöffnet täglich 7–16 Uhr

Am Gudelacksee

Lindow

Ebenso wie Alt Ruppin kann sich auch das märkische Lindow mit Recht als das „Tor zur Ruppiner Schweiz" bezeichnen. Denn beiden ist gemeinsam, dass sie über Flüsschen und Kanäle mit der Seenkette verbunden sind, die sich durch die Landschaft zwischen Neuruppin und Rheinsberg hinzieht. Lindow selbst ist dabei so etwas wie ein Wasserkreuz. Der Ort zieht sich auf einer Landbrücke zwischen drei Seen hin – dem Gudelacksee, dem Wutzsee und dem Vielitzsee. Von hier gelangt man auf dem Wasserweg in die Müritz und weiter in die Ostsee oder die Havelgewässer in die Elbe und die Nordsee.

Bevor das Fernweh sich meldet, sollte allerdings ausreichend Zeit bleiben, sich in Lindow umzusehen. Der 3000-Einwohner-Ort hält manche Überraschung bereit, und wenn jemand behauptet, Lindow sei ein verträumtes Städtchen, dann ist das nur die halbe Wahrheit. Ja, man kann hier ausspannen, denn den Titel „Staatlich anerkannter Erholungsort" trägt Lindow zu Recht. An den Ufern der drei Seen finden sich ausreichend Plätze zum Entspannen und Träumen; Hotels, Ferienwohnungen und ein Campingplatz bieten dazu Feriengefühl für jeden Geldbeutel. Aber das

i Tourist-Information der Stadt Lindow (Mark)
Am Marktplatz 1
16835 Lindow (Mark)
Tel. 033933 70297
www.lindow-mark.de
geöffnet April bis Okt.
Mo–Sa 10–16 Uhr,
So/F 10–13 Uhr;
Nov. bis März
Mo–Fr 10–14 Uhr

Städtchen hat neben Beschaulichkeit auch die Klänge von Kurkonzerten zu bieten: Seit vierzig Jahren gibt es zwischen Juni und August die Lindower Sommermusiken mit hochkarätig besetzter Kammermusik in der barocken Stadtkirche. Dazu steigt jedes Jahr im Juli ein Stadtfest, am Gudelacksee wird ein Hafenfest gefeiert, im Frühjahr kommen Angler zum Teil von weit her, um am Volksangeltag ihr Glück zu versuchen.

Wer Neuruppin kennt, wird beim Gang durch die **Hauptstraße** von Lindow (sie trägt den schönen Namen „**Straße des Friedens**") vielleicht ein Déjà-vu erleben. Viele der Häuser hier sehen aus, als hätte man sie schon einmal in Neuruppin gesehen. Denn wie auch dort musste Lindow nach einem verheerenden Stadtbrand wieder aufgebaut werden. Das war im Jahr 1803, als die Wiederaufbau-Arbeiten nach dem Brand von 1787 in Neuruppin ihrem Ende entgegengingen. Diese Arbeiten leitete hier wie dort ein Baudirektor namens Bernhardt Matthias Brasch (nach ihm ist in Neuruppin der größte Platz der Altstadt benannt).

Kein Wunder also, wenn im kleinen Lindow manches Haus so klassizistisch aussieht, als stünde es im großen Neuruppin. Ein besonders schönes Beispiel ist das **Neue Rathaus**. Zwei junge Linden bieten den grünen Rahmen für das Gebäude. In einem kleinen

Park hinter dem Rathaus leben in großen Volieren fast 140 gefiederte Arten – zum Beispiel Fasane, Pfauen und Papageien. Einen Unterschied zu Neuruppin gibt es allerdings: Die Häuser im Ackerbürgerstädtchen Lindow sind meist mit großen **Toreinfahrten** versehen, durch die auch Pferdefuhrwerke zu den dahinter liegenden Scheunen und Ställen gelangen konnten. Viele der historischen Türen und Tore sind erhalten und gehören heute zu den Sehenswürdigkeiten der Stadt.

Straße des Friedens Nr. 7: Hier wurde einst die „Lindower Zeitung" gedruckt.

Ein typische Beispiel dafür ist das Haus mit der Nummer 7, das den Stadtbrand überstanden hat. Hier befand sich lange Zeit eine Druckerei, in der zwischen 1896 und 1943 die „**Lindower Zeitung**" gedruckt wurde. Eine Balkeninschrift über der Toreinfahrt aus dem Jahr 1747 teilt uns mit: „Obgleich der Neid zu hindern dacht, so ist es Doch mit Gott vollbracht". Welche Geschichte mag sich dahinter verbergen? Aus den wohlhabenden Gründerjahren stammt das Haus Nr. 16., genannt das „**Puppenhaus**". Die vier Statuen auf dem Dachsims („die Puppen") stellen vier der neun olympischen Musen dar.

Der **Markt** im Zentrum der Stadt wurde nach dem Brand mit Bürgerhäusern eingefasst, aus denen inzwischen das „Hotel am Wutzsee" herausragt. Von der Veranda aus kann man gemütlich sitzend das Treiben auf dem Platz verfolgen. Mitten auf dem Platz

Die Straße des Friedens in Lindow

Auf dem Markt von Lindow

🍴 Gasthaus am
Gudelacksee
Am Gudelacksee 2 a
16835 Lindow (Mark)
Tel. 033933 72330

🍴 Pension und Restaurant
Klosterblick
Am Wutzsee 53
16835 Lindow/Mark
Tel. 033933 8900

stehen die rund zweihundert Jahre alte „**Kaisereiche**"
und die fünfzig Jahre jüngere „**Friedenseiche**". In deren
Schatten findet sich in einem modernen Pavillon die
Lindower Touristinformation. Hier hält das Städtchen
für seine Besucher erstaunlich viel Informationsmaterial
bereit. In einem gesonderten Raum ist sogar noch Platz
für eine kleine Galerie mit wechselnden Ausstellungen.

An den Marktplatz grenzt eine kleine Grünanlage,
die „süße Ecke". Durch sie führt der Weg vorbei an der
Klostermühle zum Wutzsee. Das Wasserrad, das unter-
schläftig in den Stadtfließ taucht, ist allerdings nur eine
schöne Attrappe. Bereits 1858 wurde hier eine Dampftur-
bine eingebaut, und seit 1926 wird die Mühle elektrisch
betrieben. Das unter Denkmalschutz stehende Mühlen-
gebäude aus dem Jahr 1848 beherbergt die technische
Ausstattung aus der Zeit nach dem Zweiten Weltkrieg.
Sie kann für die Herstellung von Futtermitteln genutzt
werden, die dann im Mühlenladen verkauft werden.

Am **Wutzsee** angekommen, öffnet sich ein weiter
Blick auf das Wasser, wo sich Enten und Schwäne tum-
meln. Am linken Ufer ist zwischen den Bäumen das
Klostergelände zu erahnen. Es bildet die Kulisse für die
Skulptur, der wir am Seeufer direkt gegenüberstehen.
Es ist die Nonne Amelie. Sie hält einen Rosenstrauß in
den Händen und schaut versonnen in die Ferne. Sie ist
mit 2,15 Metern deutlich mehr als lebensgroß, ist aus
Granit gehauen und wiegt 1,3 Tonnen. Der in Lentzke

Relikt einer alten Wassermühle

bei Fehrbellin tätige Bildhauer Peter M. Stajkoski (geb. 1944) hat sie 2007 geschaffen.

Die Frage, was wohl zuerst da war, dürfte im Fall von Kloster und Ort Lindow leicht zu beantworten sein. Vermutlich haben die Grafen von Arnstein das **Zisterzienserinnenkloster** als ihr Hauskloster um das Jahr 1230 gestiftet und sich damit einen neuen Namen zugelegt: die Grafen von Lindow. Weil sie auch Herren von Ruppin waren, wurden daraus im Volksmund die „Grafen von Ruppin". Die Gründungsurkunde wurde wahrscheinlich im Dreißigjährigen Krieg vernichtet. Daher datiert die erste belegbare urkundliche Erwähnung des Klosters über 100 Jahre später. Noch einmal 20 Jahre danach tauchten Kloster und Ort erstmals in den Annalen der Geschichte auf.

Die „Schöne Nonne" im See

Das Kloster Lindow hatte vor allem die Aufgabe, den unverheirateten Töchtern des Landadels eine angemessene Erziehung zu geben. Zugleich war es auch eine Wirtschaftsmacht. Es gehörte in seiner Blütezeit zu den reichsten Klöstern der Mark. Ihm gehörten 19 Dörfer, 9 Wassermühlen und zahlreiche Teiche und Seen – darunter der Stechlinsee.

Die 36 Nonnen führten ein hartes Leben: Das Bettzeug bestand aus Strohsack und Leintuch, geschlafen wurde in Kleidern und Schuhen, kein Wort durfte gesprochen werden, um 2 Uhr morgens begann der erste nächtliche Gottesdienst...

WER WAR DIE SCHÖNE NONNE VON LINDOW?

Vor vielen Jahren lebte ein wunderschönes Mädchen Namens Amelie. Sie war die Tochter reicher Edelleute, aber hatte sich in einen armen Bauernburschen verliebt. Die Eltern des Mädchens schickten ihre Tochter daraufhin ins Kloster. Die schöne Nonne konnte ihren Geliebten nicht vergessen. Dem Jüngling ging es ebenso und so schlich er eines Nachts zum Kloster. Er schabte und kratzte so lange an der Klostermauer, bis ein Stein nach dem anderen herausbrach und er seine geliebte Amelie befreien konnte. Niemand hat je wieder etwas von den beiden gehört. Die einen sagen, die Liebenden seien in dieser dunklen Nacht im Wutzsee ertrunken, die anderen hoffen, sie seien durch den angrenzenden Sumpf entkommen. Gewiss ist nur eins: Um Mitternacht kann man es in die Nähe der Klostermauer deutlich schaben und kratzen hören. Der Anfang 2016 verstorbene Musiker Niels Köpcke, langjähriger Betreiber der Banzendorfer Kulturscheune, hat die Sage von der „schönen Nonne" als Musiktheater auf die Lindower Waldbühne gebracht.

Nach dem Tod des letzten Grafen von Lindow vereinnahmte der brandenburgische Kurfürst Kloster und Stadt. Kurz danach erreichte die Reformation auch Lindow, und aus dem Kloster wurde 1541 ein evangelisches Damenstift. Im Oktober 1638 zogen katholisch-kaiserliche Truppen durch das Land und legten das Kloster und große Teile der Stadt in Schutt und Asche. Von ursprünglich 1500 Einwohnern überlebte nur jeder Dritte den Krieg. Zum Opfer fiel dabei auch die wertvolle Bibliothek. Erhalten blieben lediglich die Klosterschule und das Waschhaus. Sie stehen bis heute. Was von den Klostergebäuden nach der Zerstörung noch übrig war, wurde als Baumaterial verwendet – zum Beispiel für das Schloss Oranienburg oder für den Wiederaufbau Lindows nach mehreren Stadtbränden.

Als wieder Frieden eingekehrt war, nannte sich das Kloster „Hochadeliges Fräuleinstift". Aus dieser Zeit ist das 1752 erbaute Dominat noch vorhanden. Seit 1875 lautete die Benennung „Landesherrliches Fräuleinstift Kloster Lindow", an dessen Spitze wieder eine Oberin statt einer Domina stand. Seit 1946 besteht das Evangelische Stift Kloster Lindow, dessen Satzung 2003 neu gefasst wurde. Die Stiftsgemeinschaft hat es sich zur Aufgabe gemacht, die parkähnliche Klosteranlage für nachfolgende Generationen zu bewahren. Am Platz der einstigen Klosterkirche finden wieder Andachten und Gottesdienste unter freiem Himmel statt.

Auch wenn das ursprüngliche Kloster Lindow heute ein Ruinenkomplex ist, gehört es dennoch in die Reihe der sehenswerten Klöster im Land Brandenburg. Die von Efeu bewachsenen Mauerreste sind ein fotogenes Ziel für all jene, die den Spuren der Vergangenheit

links: Mauerreste der Klosterkirche Lindow

Kloster Lindow war das Vorbild für das Kloster Wutz in Theodor Fontanes Roman „Der Stechlin".

Weg zum Klosterfriedhof

folgen. Beeindruckend sind die Formen, die bei der Rückeroberung durch die Natur entstehen.

Überhaupt ist das Klostergelände zu einem besonderen **Gartendenkmal** mit uralten Baumriesen geworden. Mittendrin befindet sich ein Friedhof mit – gemäß der Rangordnung – den hohen Grabsteinen der Dominas und den flachen Gräbern der Stiftsdamen. Aus dem Dornröschenschlaf erweckt, präsentieren auf der Waldbühne professionelle Musiker und ehrenamtliche Sänger und Darsteller die Geschichte um die Nonne Amelie und Jakob.

Vom **Wutzsee** her breitete sich der Ort Lindow aus. Als die 500 Meter breite Landbrücke zum Gudelacksee besiedelt war, hatte Lindow sein Gesicht verändert. Der Ort trat heraus aus alter Enge und zeigt sich nun weiträumiger. Das Seeufer lädt ein zum Baden, zu vielerlei Wassersport, ein Hotel verspricht auf seiner Terrasse genussvolle Rast und atemberaubende Sonnenuntergänge über dem See.

Über den **Gudelacksee** ist Lindow mit der Welt verbunden. Über den Lindower Rhin geht es in den **Möllensee**, weiter in den Rhin und durch den Ruppiner See, später in die Havel. Zahlreiche Bootsanleger erwarten Freizeitkapitäne. Und wer erst einer werden will, kann hier eins der führerscheinfreien Hausboote chartern. Oder einfacher mit der kleinen „Dorothee" eine Rundfahrt unternehmen. Gelegentlich legt in Lindow ein aus Neuruppin kommendes Fahrgastschiff an. Auch die nahe am Seeufer entlangführende Bahnstrecke in Richtung Rheinsberg belegt, dass Lindow in den Sommermonaten per Bahn mit Berlin verbunden ist.

Über die Tourist-Info können Führungen für Gruppen gebucht werden. Weitere Informationen zum Stift Kloster Lindow erhalten Sie bei Herrn Dr. Horst Borgmann Tel. 0177 8700917 www.kloster-lindow.de

Die Regionalbahn-Linie RB 54 fährt nur in der Saison alle 2 Stunden zwischen Löwenberg (Mark) und Rheinsberg. Die Fahrtzeit bis Lindow (Mark) ab Löwenberg (Mark) beträgt ca. 20 Minuten. In Löwenberg besteht Anschluss an den RE 5 und die RB 12 nach Berlin.
Fahrinfos: www.vbb.de

Klosterfriedhof Lindow

Wer über den Gudelacksee schreibt, darf die **Insel Werder** nicht vergessen. Mit 45 Hektar Fläche gehört sie zu den größten Binneninseln Brandenburgs. Wie Lindow selbst, besitzt sie eine bewegte Geschichte. Bereits zu slawischer Zeit war sie besiedelt, während des Dreißigjährigen Krieges diente sie als Zufluchtsort. Seit dem 18. Jahrhundert wurde hier Ton abgebaut. Dadurch entstanden zwei noch vorhandene Seen. Seit etwa 1900 wurde der Ton in einer Ziegelei auf der Insel verarbeitet. Bis zu 300 Menschen lebten damals auf dem Eiland. Als in den 1950er Jahren die Tonvorräte erschöpft waren, blieb nur noch die Nutzung als Weideland für Rinder. In den 1970er Jahren verließen die letzten Bewohner die Insel, Gebäude wurden abgerissen. Jahrelang war die Insel sich selbst überlassen. Inzwischen ist auf die Insel Leben zurückgekehrt. Die Stadt Lindow betreibt einen Rastplatz für Wasserwanderer.

Der größte Teil aber befindet sich nach einer Versteigerung in privater Hand. Schafe, Ziegen, Rinder, Pferde und sogar Lamas leben seither auf Werder, es wurden Obstbäume gepflanzt. Sie alle gehören zum Camp „Inselkind Lindow". Hier können Kinder in Gruppen Robinson spielen. In einfachen Unterkünften mit geringem Komfort lernen sie, ohne elektrischen Strom und fließendes Wasser auszukommen. Sie leben hier bewusst und im Einklang mit der Natur. Entlang der Inselseen wurden verschiedene Erlebnisparcours angelegt. Gekocht wird am offenen Feuer nach Möglichkeit mit Erzeugnissen der Insel-Landwirtschaft.

Insel Werder im Gudelacksee

Badestellen Gudelacksee am Nord- und Ostufer und Badeanstalt sowie Naturbadestellen am Wutzsee

Inselkind Lindow
• Inseltage für Selbstversorger
• für Klassen und Kitas
• für Feiern und Events
• Inselführungen
• Wilderlebnispfad
• Angeln auf den Inselseen
• Pferde reiten
Tel. 0173 7215329
www.inselkind-lindow.de

An den waldreichen Ufern des Gudelacksees befinden sich in großer Abgeschiedenheit die Gebäude der auf Sucht-Heilung spezialisierten **Salus-Kliniken.** Das Genesungsheim wurde unmittelbar vor Beginn des Ersten Weltkrieges errichtet und gehörte damals zu den modernsten medizinischen Einrichtungen in Deutschland. Zum Beispiel kamen dort die heilgymnastischen Geräte von Gustav Zander zum Einsatz, der als Begründer der Sport- und Wellness-Medizin gilt. Auch diesem Klinikum blieb es nicht erspart, zeitweise als Lazarett zu dienen. Nach umfangreicher Sanierung Mitte der 1990er Jahre wurde es von der Salus-Gruppe übernommen.

Auf den Seen von Lindow unterwegs

Auf der Lindow gegenüberliegenden Seite des Sees liegt das **Landgut Gühlen** mit seinem eindrucksvollen, im Heimatstil errichteten Herrenhaus. Erbaut wurde es 1884 im Auftrag von Phillipp Konrad Graf zu Eulenburg (1820–1889), dem Vater jenes in den Fürstenstand erhobenen Vertrauten von Kaiser Wilhelm II. Die offenen Kamine in allen Salons sind bis heute erhalten. Von 1926 an befand sich für die nächsten fast 20 Jahre das Gut im Besitz von Hjalmar Schacht (1877–1970), Reichsbankpräsident und Reichswirtschaftsminister, nach dem Hitler-Attentat verhaftet und inhaftiert, 1946 im Hauptkriegsverbrecherprozess angeklagt und freigesprochen. Zu DDR-Zeiten war das Gut ein Gästehaus der Regierung. Seit 2010 steht es auf der Denkmalliste des Landes Brandenburg. Es dient heute als Hotel der Sorat-Gruppe und ist beliebt bei Hochzeitspaaren.

Nicht weit von Lindow entfernt befindet sich **Vielitz**. Bei Musikliebhabern hat der Name einen hervorragenden Klang. Konzertante Opern, Arien und Lieder, sinfonische Musik, Kabarett, Theater und Autorenlesungen, dargeboten von international gefragten Künstlern und Autoren stehen in der **Musikscheune Vielitz** auf dem Programm. Der Veranstaltungssaal bietet rund 200 Besuchern Platz. Reinhard Hagen, der auf den Opernbühnen von New York, Salzburg, Bayreuth und Berlin stand, ist Initiator dieser Veranstaltungen.

Musikscheune Vielitz
Termine und weitere
Informationen unter
www.musikscheune-vielitz.de

Kartenbestellung unter
Tel. 033933 71058

Schwarzstörche und Wölfe im Tierpark Kunstspring

Tierpark der Fontanestadt
Neuruppin Kunstspring
Kunstspring 4
16818 Neuruppin
Tel. 033929 70271
www.tierpark-kunstspring.com

Forellen- und Saibling-
zucht Kunstspring
Tel. 033929 70257
www.kunstspring.de

Kunstspring

Die Straße von Neuruppin nach Rheinsberg führt durch ein Waldgebiet, wie es typisch für die Ruppiner Schweiz ist. Bis zu fünfzig Meter „ragen" die Hänge steil auf, durch die Täler plätschern kleine Bäche. An den Ufern stehen Buchen und Eichen. Auch ausgedehnte Quellsümpfe prägen das Bild. Mittendrin – aber direkt an der Straße – befindet sich der Eingang zum Neuruppiner Heimattierpark Kunstspring.

Direkt gegenüber wartet eine **Fischräucherei** auf hungrige Besucher. Die dazugehörigen Fischteiche verbergen sich etwas tiefer im Wald und gehen auf frühere Mühlteiche zurück. Am Kunsterteich stand seit 1750 eine Wassermahl, -schneide- und -Lohmühle. Sie brannte 1917 nieder, und so blieb nur ein kleiner Wasserfall übrig. Die Fischzucht ist auf Forellen und Saiblinge spezialisiert.

Wer nach einem besonders nahen Naturerlebnis sucht, dem sei der Besuch im **Tierpark** Kunstspring empfohlen. Hier sind viele Wildtiere heimisch – Schwarzstörche, Luchse, Wildkatzen, Fischotter und Wölfe lassen sich sehr schön von Nahem beobachten.

Das Hauptanliegen des Tierparks ist, Freude an der Natur zu wecken, die Augen zu öffnen für all das, was Flora und Fauna unserer Umgebung bieten. Trotzdem hat auch Kunstspring den Ehrgeiz, Erlebnisse mit Tieren zu bieten, die in freier Wildbahn kaum gelingen.

Nächtliche Führungen zum **Wolfsgehege** gehören dazu. Die Tagesthemenführungen „Fischotter und Co." und „Wölfe und ihre Beutetiere" sind bestens für alle Altersgruppen geeignet. Eine ganz besondere Art der Sinneserfahrung sind die Führungen „Tiere der Nacht: Wolfsnacht", die von April bis Oktober angeboten werden.

Die jüngste Attraktion ist ein **Schwarzstorchgehege**. Nur noch etwa 50 Paare dieser seltenen und scheuen Tiere brüten jährlich in Brandenburg. Zu sehen bekommt man sie in den seltensten Fällen. Wenn die Tiere im Tierpark Kunstspring brüten, können die Besucher die Aktivitäten über eine Videokamera, die über dem Nest angebracht ist, beobachten. Das Schwarzstorchgehege ist Teil der „Erlebniswelt Kunsterwiesen", wo sich alles um das Thema Feuchtbiotop dreht. Die kleinen und großen Gäste lernen hier, Vogelstimmen zu erkennen. Lehr- und Quizztafeln sowie ein Tierpuzzle komplettieren die Anlage. Jährlich am ersten Junisonntag findet traditionell das Tierpark- und Kinderwaldfest statt.

3-km-Wanderung zur Kochquelle

Kunsterspring – wie das klingt! Und genauso fantastisch ist die Landschaft, übrigens ein Naturschutzgebiet. Hier bündeln sich Quellen zum Bächlein Kunster. Das Wasser hat sich tief in den Boden gegraben und ein Tal gezaubert: urwüchsig, mit verschlungenen Bäumen, moosbewachsen... Forst-Azubis der nahen Waldarbeitsschule legten hier einen Pfad mit Infotafeln an. Der Natur- und Lehrpfad zur Kochquelle beginnt aber auf der anderen Straßenseite beim Fischer (Forellen- und Saiblingzuchtbetrieb mit Räucherofen und leckerem Fischimbiss!). Wir laufen am Kunsterteich entlang und folgen dann dem Bachlauf. Erle,
Fichte, Lärche, Douglasie, Rotbuche, Kiefer, Stieleiche – was wachsen hier für tolle Bäume! An einer Liebeswiese kommen wir vorbei und schon sind wir an der Kochquelle: Das Wasser blubbert und brodelt. Es ist jedoch nicht heiß, sondern sommers wie winters acht Grad kühl. Des Rätsels Lösung: Das nach oben drückende Wasser wirbelt feinen Sand auf. Und das sieht dann aus wie kochende Suppe. Wer sich traut, hält einfach mal die Hand rein... Zurück geht's auf der anderen Seite der Kunster, vorbei an den Quellen mit Namen wie „Margarethenruh".

Netzeband

Am westlichen Ende der Ruppiner Schweiz liegt an der Bahnstrecke zwischen Neuruppin und Wittstock (Dosse) auf halber Strecke das 200-Seelen-Dorf Netzeband. Auf diese gute Verkehrsanbindung sei verwiesen, denn Netzeband gehört zu den kulturellen Leuchttürmen im Norden Brandenburgs (in einer Liga mit der Kammeroper Rheinsberg und den Fontane-Festspielen Neuruppin).

Netzeband ist eigentlich eins der typischen märkischen Straßendörfer. Doch halt! Das stimmt so nicht. Netzeband war bis 1937 eine Exklave das Großherzogtums Mecklenburg-Schwerin im Preußischen. Gut für Deserteure, die es auf ihrer Flucht aus der preußischen Armee bis hierher geschafft hatten. Dennoch: Die aus rotem Backstein errichteten Höfe könnten nicht typischer für die Mark Brandenburg sein.

Die schönsten von ihnen wurden vor dem Verfall gerettet, indem sie in eine Hotelanlage mit Reiterhof umfunktioniert wurden. Der Name: **Märkische Höfe**. Geboten wird Reiten, Wellness, Radfahren und alles, was zum Familienurlaub gehört. Auch die alte Schule (bis 1968 wurde hier unterrichtet)

Der Regional-Express RE 6 fährt von Berlin Spandau bzw. Hennigsdorf über Netzeband nach Wittenberge. Fahrinfos: www.vbb.de

Der Parzival I vor der Kirche in Netzeband

Temnitzkirche in Netzeband

Alle zwei Jahre im Früh-
jahr lockt Netzeband mit
dem Klarinettenfestival
„carte blanche" in die
Temnitzkirche. Das Oster-
konzert findet immer am
Ostersamstag statt.

wurde zu einem gastlichen Ort umgebaut. Sie ist
heute eine Pension. Nur das ehemalige Gutshaus
blieb eine Wohnstätte.

Am Eingang zum Ort steht die **Temnitzkirche**.
Zwar wird ein Kirchenbau an dieser Stelle 1238
erstmals erwähnt, aber die Kirche mit ihren klaren
klassizistischen Formen wurde 1834 errichtet. Seit der
Restaurierung im Jahr 1994 ist sie in privater Hand
und wird vom Förderverein Temnitzkirche e.V als „Temnitzkirche" für Konzerte, Lesungen und Ausstellungen
genutzt. Für den Theatersommer bildet sie eine eindrucksvolle Kulisse. Kein Wunder also, dass die Kirche
einen sehr weltlichen Namen trägt. Einen Bezug zu den
Legenden der Bibel lässt auch die Figur vor der Kirche
vermissen: „Parzival I" von Matthias Zágon Hohl-Stein
aus dem Jahr 1994. Sie entstand vier Jahre vor dem viel
größeren „Parzival am See" in Neuruppin.

Somit wären wir am früheren Gutspark angekom-
men. Hier spielt sich die eigentliche Attraktion von
Netzeband ab: das **Sommertheater**. Ebenso wie die
Kammeroper Rheinsberg und die Fontane-Festspiele
Neuruppin ist auch dieses Event mit dem Namen
Frank Matthus verbunden. Er wohnt in Netzeband und

Figur aus dem Stück
„Unter dem Milchwald"

verwandelt seit nun schon 20 Jahren den Gutspark im Juli und August in einen magischen Ort. Eröffnet wird der Theatersommer alljährlich mit dem Publikumsrenner „Unter dem Milchwald". Darin erzählen 53 überlebensgroße Figuren den Alltag einfacher Leute in der fiktiven Waliser Kleinstadt Llareggub.

Eigens entwickelt wurde das **Netzebander Synchrontheater**. Es bedeutet das Spiel mit Masken zu einer vorproduzierten Textaufnahme. Namhafte Schauspieler sprechen im Tonstudio den Text ein, und die Darsteller bewegen sich dazu auf der Bühne. Die Kombination bringt dann die künstlerische Wirkung: Auf der Tonspur kann äußerst sensibel und differenziert gesprochen werden – von der Bühne können mittels Masken und überhöhter Gestik szenische Vorgänge optisch weit transportiert werden. So haben es bekannte Werke der Dramatik auf die Netzebander Naturbühne geschafft: beide Teile des „Faust", von Shakespeare sind aktuell „Richard III.", „Der Sturm" und „Der Widerspenstigen Zähmung" vertreten, Frank Matthus hat die Nibelungen in drei Teilen in Szene gesetzt. Jedes Jahr kommt eine neue Inszenierung hinzu. Und zum Repertoire gehört auch immer ein Kinderstück.

Frank Matthus ist Künstlerischer Direktor der Kammeroper Schloss Rheinsberg und Mitbegründer der Fontane-Festspiele Neuruppin.

Theatersommer
Netzeband
Karten bei der Tourist-Information Rheinsberg
Remise am Schloss
Mühlenstraße 15a
16831 Rheinsberg
Tel. 033931 34940
www.theatersommer-netzeband.de

Im Pferdewagen sicher durch
die Wittstock-Ruppiner Heide

DIE WITTSTOCK-
RUPPINER HEIDE

Zwischen Neuruppin im Südosten und Wittstock/Dosse
im Nordwesten erstreckt sich über 700 Quadratkilome-
ter die Wittstock-Ruppiner Heide, ein riesiges Wald-,
Magerrasen- und Heidegebiet. Bei den gegenwärtigen
Bemühungen um den Erhalt von Wildnisflächen als
Lebensraum gefährdeter Tier- und Pflanzenarten
spielt diese Heide eine besondere Rolle als national
bedeutsame Naturschutzfläche. Hier ist auf einer der
größten zusammenhängenden Flächen Deutschlands
die typische Heidevegetation zu finden. Von Mitte
August bis Ende September bestimmt das Violett der
Besenheide das Bild, so weit das Auge reicht.

Nach der letzten Eiszeit blieb hier eine Landschaft
ähnlich einer Sandwüste zurück. Am ehesten konnten
sich hier großflächige Kiefernwälder entwickeln. Müh-
sam haben die Bauern im Umkreis der wenigen Ort-
schaften Ackerflächen angelegt. Einen großen Teil der
Wittstock-Ruppiner Heide nahm über Jahrzehnte hinweg
ein Truppenübungsplatz der Sowjetarmee ein. Er diente
als Artillerieschießplatz und Bombenabwurfgelände mit
verheerenden Folgen für die Tier- und Pflanzenwelt.
Wo vor 1945 ein nahezu geschlossenes Waldgebiet war,
entstanden nach und nach Freiflächen, die sich zu einem
Mosaik verschiedenster Biotope zusammenfügen.

Auch nach Abzug der russischen Streitkräfte wurde
die Heide von der Bundeswehr als Bombenabwurfplatz
(„Bombodrom") weitergenutzt. Eine aktive Bürgerbe-
wegung unter dem Namen „Freie Heide" war die Folge.
Ihr ist es zu verdanken, dass 2009 die militärische
Nutzung komplett eingestellt wurde.

Die Flächen sind inzwischen zum Nationalen Naturerbe erklärt. Weil aber noch viel Blindgänger-Munition

Mehrere Anbieter laden zu
Kutschfahrten durch eine
der größten Heideland-
schaften Deutschlands ein
(Start in Neu Glienicke oder
Pfalzheim).

Von Mitte Mai bis Ende Juni
bietet „Kutschenkarsten"
Touren zur Ginsterblüte in
die Wittstock-Ruppiner
Heide an.
Erlebnistouren mit Kutsch-
und Planwagen
www.kutschenkarsten.de

Kremserhof Zermützel –
Reisen wie zu Fontanes
Zeiten
www.kremserhof.de

im Boden lauert, darf die Heide nur auf gekennzeichneten Wegen betreten werden. Als eine beliebte Art, die Heide in aller Ruhe zu genießen, hat sich die **Fahrt mit der Kutsche, dem Kremser oder dem Planwagen** entwickelt. Drei Stunden dauert eine Tour, und wer mag, kann ein zünftiges Picknick einlagen.

Nach dem Vorbild ihres erfolgreichen Engagements in der Döberitzer Heide vor den Toren Berlins, hat die Heinz Sielmann Stiftung mit Erhaltungsmaßnahmen für die Heidelandschaft begonnen. Tiere sorgen für die Pflege der ursprünglichen Offenlandschaft.

Als „Wächter der Heide" gilt der **Daberturm**. Rund drei Kilometer nördlich von Wittstock/Dosse wurde er 1438 als vorgeschobene Bastion gegen die Mecklenburger errichtet. In den folgenden Jahrhunderten diente er der Grenzsicherung samt dem Eintreiben von Zöllen. Nicht umsonst hieß die Gegend einstmals die „Schmugglerheide".

Der Daberturm war aber auch Beobachtungspunkt eines Forsthofes, von dem aus die angrenzenden Waldgebiete kontrolliert wurden. Heute enthalten der Turm und ein Anbau eine Natur-Erlebnis-Ausstellung. Hier geht es spielerisch und interaktiv darum, Mineralien zu bestimmen, Tierspuren zuzuordnen, Baumarten zu erkennen und essbare Pilze herauszufinden. Idyllisch am Daberbach gelegen, befinden sich auf dem Gelände ein Kräuter- und Findlingsgarten, ein Backofen und in der Nähe ein Lauf- und Nordic-Walking-Park.

Fretzdorf, südlich von Wittstock/Dosse, war Anfang der 1990er Jahre Ausgangspunkt für zahlreiche Protestmärsche gegen die Nutzung der Heide als „Bombodrom".

Daberburg
„Wächter der Heide"
Alt Daber 12
16909 Wittstock/Dosse
Infos bei der Tourist-Info
Wittstock:
Tel. 03394 433442
www.wittstock.de

Wächter der Heide: Daberturm

Naturpark Stechlin-Ruppiner Land

Top 10

NICHT VERPASSEN

1 Ein Bad im glasklaren Wasser des Stechlinsees ▸ S. 90

2 Der „Fontaneschmaus" unter der Linde am „Fontanehaus" in Neuglobsow ▸ S. 97

3 Ein Besuch im Glasmachermuseum von Neuglobsow ▸ S. 99

4 Ein Gang durch den Garten des NaturParkHauses in Menz ▸ S. 103

5 Eine Rast im Künstlerhof Roofensee ▸ S. 104

6 Ein Blick in die Maulbeerallee von Zernikow ▸ S. 108

7 Ein Gedenken an den treuen Diener Fredersdorf auf dem Gut Zernikow ▸ S. 109

8 Wissen tanken an der Strittmatter-Gedenkstätte in Dollgow ▸ S. 113

9 Ein Besuch des Kultur-Gutshauses in Köpernitz ▸ S. 105

10 Eine Führung durch das Atomkraftwerk Rheinsberg ▸ S. 96

ANFAHRT

🚲 Anreise mit dem Rad
Durch die Wälder zwischen Rheinsberg, Menz und Neuglobsow führt die „Tour Brandenburg", die auf einer Strecke von IIII km ganz Brandenburg umrundet.

Neuglobsow wird außerdem von einer Tour der „Radrouten Historische Stadtkerne" berührt.

◆ Anreise mit Bahn und Bus
Mit dem Regional-Express RE 5 stündlich bis Gransee, von dort weiter mit Bus 836 (verkehrt täglich); alternativ mit RE 5 bis Fürstenberg (Havel) und weiter mit Bus 839.

🚗 Anreise mit Auto
Vom Berliner Ring A10 am Kreuz Oranienburg auf B96, in Gransee Abzweig auf L222 in Richtung Menz, von dort auf L15 nach Neuglobsow (der Ort für den allgemeinen Autoverkehr gesperrt, Parkmöglichkeiten am Ortseingang)

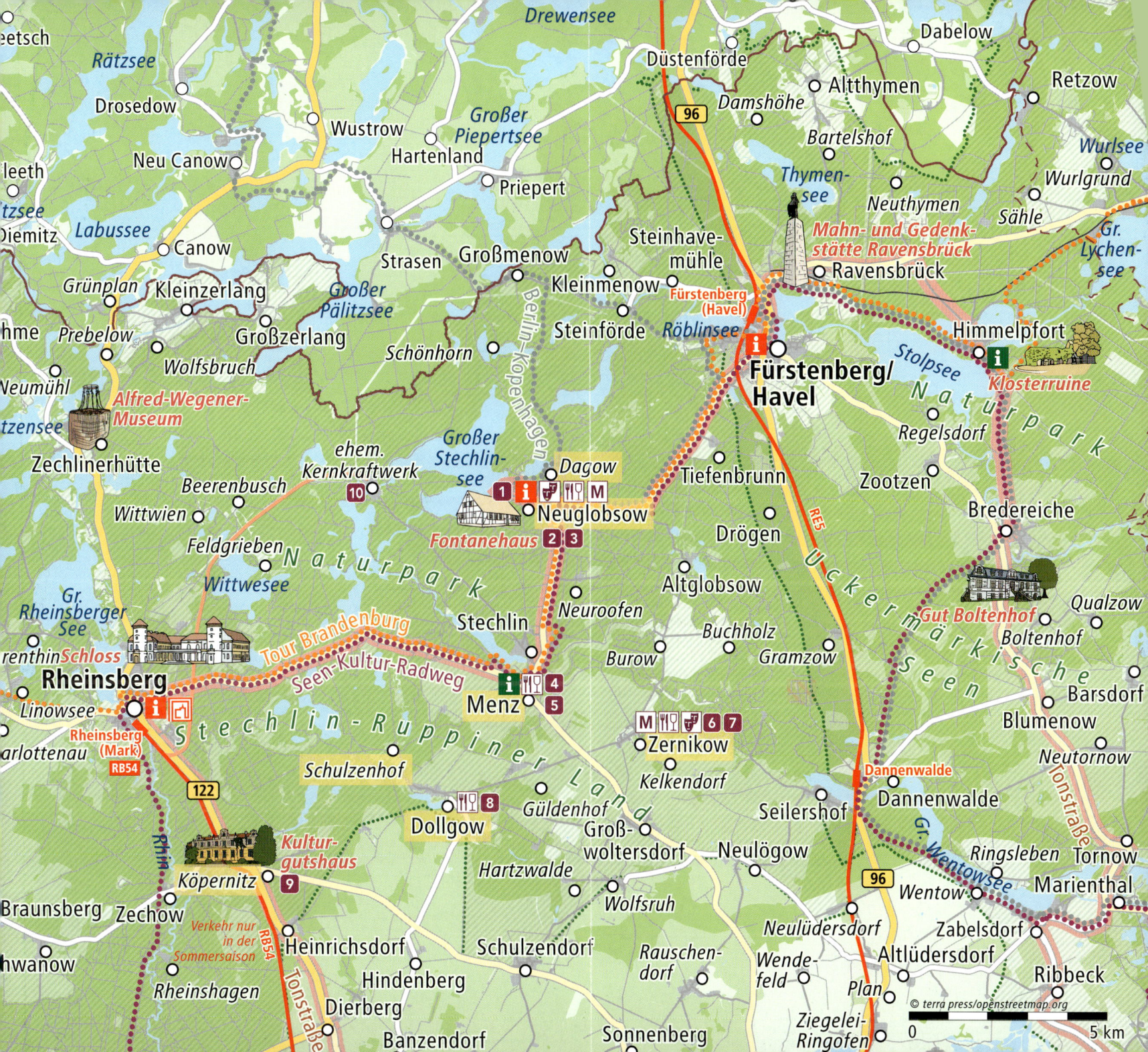

Für dieses Kapitel bietet der Naturpark Stechlin-Ruppiner Land die mal grüne, mal blaue Kulisse. Ein Großschutzgebiet, das praktisch grenzenlos ist: Es erstreckt sich zwischen Rhin im Westen und Havel im Osten und ist mit dem Naturpark Uckermärkische Seen verbunden.

Zwischen weitflächigen Kiefern- und Mischwäldern (25% des Baumbestandes sind Buchen) liegen über 100 Klarwasserseen. Der größte und wegen seiner sprichwörtlichen Wasserqualität der bekannteste von ihnen: der Stechlinsee. Auch zahlreiche intakte Moore finden sich im Naturpark. Also stehen die Chancen gut, seltenen Tieren in ihrem natürlichen Lebensraum zu begegnen: blaue

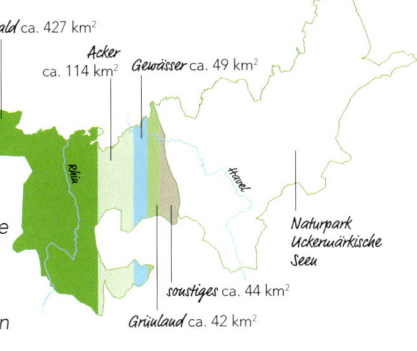

Naturpark Stechlin-Ruppiner Land
Gesamtgröße ca. 680 km²

Wald ca. 427 km²
Acker ca. 114 km² *Gewässer* ca. 49 km²
Rhin *Havel*
Naturpark Uckermärkische Seen
sonstiges ca. 44 km²
Grünland ca. 42 km²

Frösche, scheue Eisvögel, majestätische Fisch- und Seeadler, munter hämmernde Spechte, Sumpfschildkröten, mutige Entenküken, die mit Sprung aus 15 Metern Höhe ins Leben starten. Auch Spuren von Wölfen sind hier gesehen worden. Die Schellente (ihr Fluggeräusch erinnert an das Schellen einer Glocke) ist das Wappentier des Naturparks.

Den Schutz des Naturparks hat sich die NABU-Stiftung auf die Fahnen geschrieben. Die NABU-Stiftung bewahrt im Stiftungseigentum derzeit einen rund 813 Hektar großen Teil des Naturschutzgebietes. Der Stiftungsbesitz umfasst den Wittwesee und den Krummen See im Westen des Stechlins mit den umliegenden Wäldern entlang der Verbindungsstraße von Rheinsberg nach Menz. Einzelne Wiesenflächen im südlichen Randbereich gehören ebenfalls dazu.

Die NABU- Stiftung schützt die ökologisch sensiblen Bereiche der Seen und Wälder und lässt eine Nutzung nur in den Randbereichen und nach Prinzipien der Nachhaltigkeit zu. In den Totalreservaten, den nassen Moor- und Bruchwäldern, den Seeufern und Dünen, kann die Natur ungestört Natur sein. In den Forsten beschleunigt die Stiftung durch ökologischen Waldumbau den Wandel zu naturnahen Laubmischwäldern. Die Jagd in den Wäldern der NABU erfolgt nach ökologischen Grundsätzen effektiv, aber auch wildschonend.

Beton-Skulptur „Die Tratsche" von Wolfgang Schmolke (1. Fassung)

Der Stechlin
Ein Roman und sein See

,,
Im Norden der Grafschaft Ruppin, hart an der mecklenbur-
gischen Grenze, zieht sich von dem Städtchen Gransee bis nach
Rheinsberg hin (und noch darüber hinaus) eine mehrere Meilen
lange Seenkette durch eine menschenarme, nur hier und da
mit ein paar Dörfern, sonst aber ausschließlich mit Förstereien,
Glas- und Teeröfen besetzte Waldung. Einer der Seen, die diese
Seenkette bilden, heißt »der Stechlin«. Zwischen flachen, nur an
einer einzigen Stelle steil und kaiartig ansteigenden Ufern liegt er
da, rundum von alten Buchen eingefaßt, deren Zweige, von ihrer
eignen Schwere nach unten gezogen, den See mit ihrer Spitze
berühren. Hier und da wächst ein weniges von Schilf und Binsen
auf, aber kein Kahn zieht seine Furchen, kein Vogel singt, und
nur selten, daß ein Habicht drüber hinfliegt und seinen Schatten
auf die Spiegelfläche wirft. Alles still hier. Und doch, von Zeit zu
Zeit wird es an ebendieser Stelle lebendig. Das ist, wenn es weit
draußen in der Welt, sei's auf Island, sei's auf Java zu rollen und
zu grollen beginnt oder gar der Aschenregen der hawaiischen
Vulkane bis weit auf die Südsee hinausgetrieben wird. Dann regt
sich's auch hier, und ein Wasserstrahl springt auf und sinkt wieder
in die Tiefe. Das wissen alle, die den Stechlin umwohnen, und
wenn sie davon sprechen, so setzen sie wohl auch hinzu: »Das
mit dem Wasserstrahl, das ist nur das Kleine, das beinah
Alltägliche; wenn's aber draußen was Großes gibt, wie
vor hundert Jahren in Lissabon, dann brodelt's hier nicht
bloß und sprudelt und strudelt, dann steigt statt des
Wasserstrahls ein roter Hahn auf und kräht laut in die
Lande hinein. Das ist der Stechlin, der See Stechlin.``

Th. Fontane.

Bootsausleihe, Das Hölzchen,
Badestrand Neuglobsow,
Fischerei Böttcher

STECHLIN VS. NEUGLOBSOW

Mit der Beschreibung auf Seite 89 beginnt Theodor
Fontane seinen Roman „Der Stechlin". Er entstand
zwischen 1895 und 1897 und sollte Fontanes letztes
episches Werk werden.

Aus dem Romanbeginn zu schlussfolgern, es han-
dele sich um ein Buch über den See, wäre ein Fehler.
Denn Fontane stellt den Lesern in den nachfolgenden
Zeilen des Buches auch das Dorf Stechlin vor, danach
das Schloss Stechlin und anschließend dessen Haus-
herren, den alten Dubslav von Stechlin. Während der
See tatsächlich existiert, sind Dorf, Schloss und Schloss-
herr fiktiv. Unbeeindruckt von tatsächlichen Orten und
Personen kann Fontane so ein märkisches Panorama
seiner Zeit mit den Konflikten zwischen den Werten
des alten Preußen und denen des aufstrebenden deutschen Kaiserreiches entwerfen. Die Handlung erklärt
Fontane selbst so: „Zum Schluß stirbt ein Alter und
zwei Junge heiraten sich; – das ist so ziemlich alles, was
auf 500 Seiten geschieht."

Der Zugang ins Wasser ist
barrierefrei möglich.

Der klare See

Wir besuchen den realen See Stechlin von Neuglobsow
aus. Die Stechlinseestraße führt direkt auf den See
zu. Auf den letzten 200 Metern verwandelt sie sich in
einen Waldweg. Das blaue Wasser schimmert mehr
und mehr durch die Bäume hindurch. Es wird immer

sandiger, schließlich endet der Weg an einer Badebucht, wie sie im Buche steht: ein Ufer aus feinstem gelben Ostseesand, dahinter schattenspendende Bäume, ein **Bootsverleih** gleich nebenan, eine Imbissbude – alles da, um einen abwechslungsreichen Sommertag zu verbringen.

Der Blick geht weit hinaus auf den See. Rechter Hand im Hintergrund die **Stechlinsee-Fischerei**. In sechster Generation werden dort die Netze ausgeworfen. Wie schwer der Übergang von der Plan- zur Marktwirtschaft war, kann man auf der Internetseite des Unternehmens nachlesen. Besucher können außer montags den frischen Fisch an Ort und Stelle probieren. Links, viel näher am Strand, warten Ruderboote und Kanus auf sportlich-aktive Besucher. Gegenüber haben wir die **Halbinsel „Das Hölzchen"** im Blick. Die beiden Enden des Sees rechts und links der Halbinsel bleiben uns verborgen.

Der Wasserspiegel des Sees ist in seiner Geschichte mehrfach angestiegen und gesunken. Eine rund fünf Meter über dem heutigen Seespiegel verlaufende „Terrasse" zeigt ein ehemals höheren Wasserstand an. Auf diesem Plateau verläuft heute der Fuß- und Radweg rund um den See. Ein Grund für das heute tiefere Seeufer ist der um 1745 gegrabene Polzowkanal, eine Verbindung zum Dagowsee, über die einst Holz bis in die Havel und nach Berlin geflößt wurde. Bereits nach 30 Jahren waren riesige Waldflächen ausgeplündert, und der Kanal verfiel wieder. Bis er in den 1960er

Bootsverleih Stechlinsee
Zur alten Fischerhütte 1a
16775 Stechlin
Tel. 033082 679978
www.bootsverleih-stechlin.de

Fischerei Stechlinsee
Di–So 10–18 Uhr
Mo Ruhetag außer an Feiertagen

Größenvergleich

Müritz
112,6 km²
11.260 ha

Stechlinsee
4,25 km²
425 ha

Wanderweg um
den Stechlinsee

16 km

Wasser-
tiefe

5–10 m
10–40 m
40–68 m
69 m

Quelle: www.igb-berlin.de/
stechlinsee.html

Jahren erneut aufgegraben wurde. Er war mit dem Nehmitzkanal Teil der Versorgung des Atomkraftwerkes Rheinsberg mit Frischwasser.

Mit einem riesigen Eisbrocken fing für den Stechlin alles an – der letzten Eiszeit vor rund 12.000 Jahren haben wir den größten Klarwassersee Norddeutschlands zu verdanken. Er ist 425 Hektar groß, und wer ihn umrunden will, muss eine Strecke von gut 16 Kilometern absolvieren. An einigen Stellen fällt der Grund schon unmittelbar hinter der Uferlinie steil bergab. An seiner tiefsten Stelle misst der Stechlin eindrucksvolle 69,5 Meter. Das ist etwa so tief, wie die Türme der Kathedrale Notre-Dame in Paris hoch sind.

Der Stechlinsee ist einer der saubersten Seen in Deutschland und deshalb ein beliebtes Ausflugsziel für Gäste und Einheimische. Der Name geht auf das slawische „steklo" zurück, was glasklar bedeutet und sowohl auf die gute Wasserqualität verweist, wie auch auf die früher hier angesiedelte Glashütte. Im Durchschnitt kann man bis zu zehn Meter tief sehen. Die Natürschützer streben eine Durchsichtigkeit bis zu 20 Meter an.

Fehlende Uferbebauung, flache Strände, kleine Buchten und klar, das glasklare Wasser, machen den Stechlinsee zum idealen Bade- und Tauchrevier. Von der Taucherbucht aus sind es 1200 Meter bis zur Halbinsel „Das Hölzchen". Bis zu 37 m Tauchtiefe sind auf dieser Strecke möglich. Dennoch ist eine Begegnung mit der Kleinen Maräne sehr unwahrscheinlich. Noch aussichtsloser dürfte der Versuch sein, eine Fontane-Maräne vor die Brille zu bekommen.

Bereits seit 1938 sind der See und seine Umgebung Teil eines Naturschutzgebietes. Heute gehören sie zum

Was ist das mit der Fontane-Maräne?

Die Fontane-Maräne kommt nur im Stechlinsee vor. Sie bevorzugt klares Wasser und lebt in Tiefen von zwanzig bis sechzig Metern. Sie ist streng geschützt, im Gegensatz zur Kleinen Maräne, die sich in Schwärmen kurz unter der Wasseroberfläche bewegt. Da sie reichlich vorkommt, wird sie mit Schleppnetzen gefangen. Die Fontane-Maräne ist noch kleiner als die Kleine Maräne. Sie bringt es auf rund 10 cm Länge, der Fisch auf dem Teller dürfte hingegen um die 15 cm lang sein. Beides sind Forellen-Fische und äußerlich schwer zu unterscheiden. Einen wichtigen Unterschied gibt es allerdings: Die nach Fontane benannte Art laicht im Frühjahr, die andere im Herbst. Deshalb schmecken die Kleinen Maränen im Sommer so delikat und aromatisch – sie sind dann gut genährt, haben aber noch keine Laichprodukte gebildet.

Fontane-Maräne

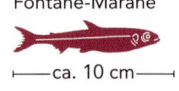

ca. 10 cm

Kleine Maräne

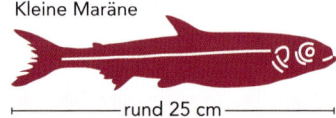

rund 25 cm

Naturpark „Stechlin-Ruppiner Land". Der See ist ein Wasserpflanzen-Paradies. Die grünen Teppiche, Bänke und Wälle sind Einstand für viele Hechte. In den Wiesen aus Armleuchteralgen verbergen sich Jungfische: Aale, Schleie und Ukeleie, und die ziehen Hechte an.

Laufen um den Stechlin

Das Gebiet um den Stechlinsee wurde in den vergangenen Jahren zum „Laufpark Stechlin" entwickelt. Vorbei an Wäldern, Wasser und Wiesen geht es auf rund 350 ausgeschilderten Kilometern kreuz und quer von Lindow bis nach Fürstenberg/Havel oder Rheinsberg bis Gransee und Zehdenick. Die Wege sind größtenteils genauso für Radfahrer, Nordic Walker, Wanderer, Inlineskater, Rollisportler oder Spaziergänger geeignet. Die zahlreichen Seen bieten darüber hinaus die Möglichkeit, Sportarten untereinander zu kombinieren.

Im gesamten Laufpark Stechlin stehen Unterkünfte in verschiedenen Kategorien – vom Zeltplatz bis zum Drei-Sterne-Hotel – zur Verfügung. Eine Vielzahl an gastronomischen Einrichtungen lockt mit regionaler Küche. Wer will, der kann einen trainingsfreien Tag nutzen, um die kulturellen Angebote oder die Schönheiten der Natur in der Region mit Deutschlands besten Umweltwerten kennenzulernen.

Das Streckennetz des Laufparks ist in insgesamt 16 farbig gekennzeichnete Waben aufgeteilt. Innerhalb jeder Wabe gibt es verschieden lange Rundkurse, die in eine Richtung ausgeschildert sind. Die Schilder sind gekennzeichnet mit Richtungspfeilen, die die Farbe der Wabe tragen, in der man unterwegs ist, und einer Zahl, die für die gewählte Strecke steht.

Die Fontane-Maräne wurde im Jahr 2000 von Mitarbeitern des am Stechlinsee beheimateten Leibniz-Instituts für Gewässerökologie und Binnenfischerei nachgewiesen und gilt als kleine wissenschaftliche Sensation. Sie wurde als eigene Fischart anerkannt. Das Institut erforscht mit seinem Seelabor am Stechlinsee die Einflüsse des Klimawandels auf den See.

Übrigens finden Rollstuhlfahrer eine barrierefreie Badestelle am Stechlinsee.

🏃 Der Stechlinseelauf findet seit 2005 – dem Jahr der Gründung des Laufparks – immer am Muttertag in Neuglobsow statt. Start: 10 Uhr
Strecken Läufer:
0,5 / 1,2 / 8,0 / 15,2 / 21,1 km
Strecken für Nordic Walker:
8,0 km

Auf die Gewinner des Stechlinseelaufs warten die Medaillen.

Touristinformation
Stechlin im Glasmuseum
Stechlinseestr. 21
16775 Stechlin
OT Neuglobsow
Tel. 033082 70202
www.stechlin.de

April Mi–So/F 10–15 Uhr;
Mai/Juni Mo–Fr 10–15 Uhr,
Sa/So/F 10–16 Uhr;
Juli/August
Mo–So 10–16 Uhr;
September/Oktober
Mo–Fr 10–15 Uhr,
Sa/So 10–16 Uhr;
November bis März
Mi/Do/So 10–14 Uhr

Neuglobsow

Der Stechlinsee ist von dichtem Wald umgeben. Nur an seiner Ostseite hat sich eine Ansiedlung breitgemacht. Sie entstand zu Lebzeiten des „Alten Fritz" um 1780, als in Altglobsow das Holz für die Glasmacherei ausging. Genannt wurde sie ganz einfach Neuglobsow. Noch zu Fontanes Zeiten war der Ort ein weit abgelegenes Glasmacherdorf.

Doch während des 20. Jahrhunderts wurde Neuglobsow, nicht zuletzt wegen der sauberen Luft, immer mehr zur Feriensiedlung. Heute ist sie ein vielbesuchtes Ausflugsziel. Ein gutes Maß an Abgeschiedenheit leistet sich Neuglobsow noch heute: Der Autoverkehr ist aus dem Ort verbannt. Kurz hinter der Abfahrt von der Landesstraße L15 sammelt ein gebührenfreier Parkplatz die ankommenden Autos. Der Luft jedenfalls bekommt das gut. Wer sich den halben Kilometer Fußweg in den Ort sparen möchte, kann bis zu den gebührenpflichtigen Parkplätzen am Stechlinsee-Center weiterfahren. Aber dann ist für Besucher generell Laufen angesagt. Für Geschichtsinteressierte kommt der Besuch in Neuglobsow einem Gang durch ein Freiluftmuseum gleich.

Ein Spaziergang durch Neuglobsow erinnert ein wenig an einen Bummel auf der Strandpromenade eines der Kaiserbäder auf Usedom: Auf der einen Seite hinter alten Bäumen die mehr oder weniger protzigen Villen aus der Gründerzeit, und auf der anderen Seite ahnt man das Wasser. Vom Stechlinsee aus, dem Neuglobsow seinen Ruf als „Muss-man-gesehen-haben-Ausflugsziel" verdankt, ist im Ort allerdings noch nichts zu sehen. Eher schon vom Dagowsee, der mit einer idyllischen Bucht in

den Ort hineinreicht. Aber typisch Märkisches fällt auch auf: die langgestreckten, rund 250 Jahre alten Fachwerkhäuser und die Feldsteinkirche zum Beispiel.

Blick von der Stechlinseestraße zum Restaurant & Logis Luisenhof und die Kirche von Neuglobsow

Informationstafeln entlang des „Historischen Pfades" erzählen die Geschichten, die mit den zahlreichen historischen Gebäuden Neuglobsows verbunden sind. Sie tragen als gemeinsames Signet einen roten Hahn. Der entstammt einer alten Sage und hat es zum Wahrzeichen Neuglobsows gebracht. Dieses Tier soll tief unten im Stechlinsee hausen. Wann immer ein Fischer seine Netze dort auswirft, wo es dem Hahn nicht gefällt, wird er rot und zornig, kommt an die Wasseroberfläche und schlägt mit den Flügeln, bis das Wasser des Stechlin gefährlich aufpeitscht und das Fischerboot zum Kentern bringt.

DIE SAGE VOM ROTEN HAHN

Auf Schritt und Tritt begegnet den Besuchern von Neuglobsow der Rote Hahn. In stilisierter Form ist er sogar das Wahrzeichen der Gemeinde Stechlin. Der Rote Hahn kommt in einer Sage vor, in der der Fischer Minack entgegen den Warnungen seiner Kollegen an der tiefsten und daher von allen gemiedenen Stelle des Stechlin sein Netz auswarf. Alle hatten Angst vor dem Roten Hahn, der dort seit Alters her aus der Tiefe aufsteigt. Minack wollte nicht hören, und so ereilte ihn das Schicksal: Aus der brodelnden Gischt stieg der Rote Hahn empor und zog den Fischer durch das schäumende Wasser zu sich hinab.

Aber haben Sagen nicht meist einen wahren Kern? So ist es auch beim Roten Hahn. Denn im Stechlin kann sich aus abgesunkenen organischen Stoffen das Sumpfgas Methan entwickeln. Das ist brennbar. Wenn in alten Zeiten die Fischer mit Fackeln auf den See hinausfuhren, konnte es passieren, dass sich eine aufsteigende Methan-Blase an den offenen Feuern in einer kleinen Explosion entzündete. Das war der Rote Hahn, der allerdings schon lange nicht mehr gesehen wurde.

Landhaus Labes
Stechlinseestraße 9
16775 Stechlin
Neuglobsow
Tel. 033082 404861
www.landhaus-labes.de
• Ferienwohungen
• Urlaub im alten Zirkuswagen
• Künstlerwerkstatt
• parkähnlicher Garten

Das **Stechlinsee-Center** ist Ausgangspunkt für Erkundung in und um Neuglobsow. Hier befindet sich ein Veranstaltungssaal für Konzerte, Lesungen, Vorträge, ein vielseitiges Angebot für anregende Abende.

Beim Rundgang zeigen sich die zwei Gesichter des Ortes: im Kern das einstige Glasmacherdorf, und drumherum der Luftkurort für wohlbetuchte Großstädter. Hier die bescheidenen, geduckten Fachwerkhäuser, dort die hoch aufragenden Villen in großzügigen Gärten. In der Mitte von Neuglobsow fallen drei langgestreckte Fachwerkbauten ins Augen, die noch immer den Kern des alten Glasmacherdorfes markieren. Das eine war der „Hüttenkrug", in dem die Glasarbeiter

DAS ATOMKRAFTWERK RHEINSBERG

„Idyllisch mitten im Wald steht das Atomkraftwerk Rheinsberg", so heißt es auf der touristischen Internetseite der Stadt Rheinsberg. Dabei sind es vom Stadtzentrum zu dem Industriewrack 8 Kilometer Luftlinie. Der Weg führt von Menz aus auf einer eigens für das AKW angelegten Betonpiste. Das dünn besiedelte Gebiet, ein kaum einsehbarer Wald und die Nähe von sauberem Wasser gaben den Ausschlag für das Atomkraftwerk in „idyllischer Lage". Sechs Jahre dauerte der Bau, der noch vor dem Mauerbau beschlossen worden war. 1966 lieferte es erstmalig in Deutschland Atomstrom. Der Druckwasserreaktor stammte aus der Sowjetunion. Etwa 650 Beschäftigte hatte das Werk. Die Bruttoleistung belief sich auf 70 Megawatt. Zum Vergleich: Die in den 1980er Jahren in der Bundesrepublik gebauten Atomkraftwerke liefern jeweils um die 1400 Megawatt – das Zwanzigfache. Das Rheinsberger AKW diente zugleich als Forschungs- und Ausbildungsstätte.

Obwohl es in den Jahren des Betriebes keine nennenswerten Havarien gab, verfügte die letzte DDR-Regierung 1990 die Stilllegung des Atomkraftwerkes. Regulär wäre es ohnehin 1992 abgeschaltet worden. Seit 1995 läuft der Rückbau des Kernkraftwerkes. Inzwischen ist der Brennstoff entsorgt und die technologische Anlage demontiert. Aktuell läuft die Dekontamination des Gebäudes.

Interessierte können sich auf einer geführten Tour durch das AKW über den aktuellen Stand des Rückbaus sowie über die Geschichte des AKW informieren. Ein fachkundiger Begleiter erklärt technische und geschichtliche Einzelheiten.
Anmeldungen für Einzel- und Gruppenführungen unter Tel. 033931 57560
oder info-kkr@ewn-gmbh.de

ihre Feierabende verbrachten. Die Brauerei befand sich schräg gegenüber. Heute heißt die Gaststätte mit ihren urgemütlichen Gasträumen „**Fontanehaus**". Auf der Karte findet man Gerichte mit Wild und Fisch aus der Region. Natürlich findet sich auch der „Fontaneschmaus", die Spezialität des Hauses: geschmorte Rindsroulade, gefüllt mit Speck und Porree. Dass der Dichter unter der riesigen Linde auf der Rückseite des Hauses Rast machte und es sich schmecken ließ, kann sich jeder ohne viel Fantasie vorstellen.

Ein Fachwerkhaus auf der anderen Straßenseite dient nunmehr als **Glasmuseum**. Hier ist auch die Tourist-Information beheimatet, sie versorgt die Ankommenden mit Wissenswertem zum Ort und

Das Stechlinsee-Center

🍴 Gaststätte & Pension
Fontanehaus
Fontanestraße 1
16775 Stechlin
OT Neuglobsow
Tel. 033082 6490
www.fontanehaus.com

Unter
dieser Linde
saß Theodor Fontane
während seiner Besuche
in Neuglobsow

seiner Umgebung, einschließlich Wanderplänen.

110 Jahre dauerte die Ära der Glasmacherei in Neuglobsow. Vor allem grünes Glas, das „Waldglas", wurde hier zwischen 1780 und 1890 hergestellt – Flaschen und Ballons vor allem. Die Besucher erfahren, wie unter großer Hitze aus Pottasche und Quarzsand jene Schmelze entsteht, die mit viel Lungenkraft und handwerklichem Geschick in Gebrauchsgegenstände verwandelt wird.

Wie viel Lungenkraft mag notwendig gewesen sein, die bis zu 60 Liter fassenden Glasballons herzustellen? Zu sehen ist das dafür verwendete Gerät. Auch von den schweren Arbeitsbedingungen kann man sich ein Bild machen. Es wird nicht verschwiegen, dass die Arbeiter in den Glashütten unter extrem ungesunden Verhältnissen schufteten und kein langes Leben zu erwarten hatten. Aber auch Kurioses weiß das Museum zu erzählen. Die jüngsten Besucher finden an einer Glasmurmelbahn ihre Freude.

Das nächste Fachwerkhaus entlang der Stechlinseestraße ist das **„Haus Heimatliebe"**. Es dient nach wie vor als Wohnhaus. Wer sich in Plattdeutsch versuchen will, der lese das Spruchband, das sich unterhalb des Daches hinzieht. Aus einer späteren Zeit der Glasmacherei stammen die Ställe und Remisen, die heute die größte Gaststätte im Ort bilden. Es ist der „Luisenhof" mit seiner großzügigen und mit viel Grün gestalteten Terrassenanlage. Die gebratene Maräne steht hier wie auch im „Fontanehaus" auf der Speisekarte.

Ⓜ Glasmuseum im Glasmacherhaus Neuglobsow
Stechlinseestraße 21
16775 Stechlin
OT Neuglobsow
Tel. 033082 70202
geöffnet siehe S. 94

linke Seite: Fontane-Linde am Fontanehaus

Historisches „Haus Heimatliebe" an der Stechlinseestraße

Der „Ferienpark Theodor Fontane" bietet Ferienhäuser und -wohnungen in unterschiedlichen Größen.
Fontanestraße 11
16775 Neuglobsow
www.stechlin-touristik.de

Nun zu den hochherrschaftlichen Villen, an deren Ansammlung Fontane mit seinen schwärmerischen Beschreibungen des Stechlin nicht ganz unschuldig ist. Am **„Haus Bernadotte"** geht eine Tafel auf die Frage ein, ob dies wohlmöglich Fontanes Schloss Stechlin gewesen sei. Sicher ist, dass ein Berliner Müll-Unternehmer die Villa seiner Tochter zur Hochzeit schenkte. Als „Haus Hirschberg" gehörte sie Anfang des 20. Jahrhunderts einem Mitglied des Verwaltungsrates der Suezkanalgesellschaft und anschließend einem Süßwarenfabrikanten. Dass Heinz Rühmann hier zu Gast war, wird wiederum nur vermutet. Zu DDR-Zeiten wurden diese Villen als Ferienheime des Gewerkschaftsbundes genutzt. Nach deren Ende waren über die Hälfte der Neuglobsower arbeitslos. Mit dem Überlebensmut, den bereits die „Witwe Pirl" an den Tag gelegt hat, haben sich die Neuglobsower wieder ihre „Perle am Stechlinsee" geschaffen. Auch wenn manches alte Gemäuer noch auf eine Wiederverwendung wartet.

WER WAR EIGENTLICH JOHANNA LOUISE PIRL?

Während in Potsdam ein erklärter Frauenfeind als preußischer König regierte, führte die „Witwe Pirl" mit strenger Hand ein kleines Glasmacherimperium am Stechlin. Sie gilt als erste Unternehmerin Brandenburgs. Als Johanna Louise Heinze kam sie 1733 zur Welt. Ihr Vater war ein thüringischer Glasmacher, der in der damals angesehensten Glashütte auf dem Hakendamm in Potsdam beschäftigt war. Die Hoffnung auf eine eigene Produktionsstätte im vordem wüsten Globsow endete im Ruin. Ein gewisser Friedrich Gottlieb Pirl wurde als Verwalter eingesetzt, der heiratete Johanna Louise, und gemeinsam brachten sie die Glasproduktion auf die Beine. Nachdem auch der verstorben war, begannen für die „Witwe Pirl" turbulente Jahre: Die Konzession lief aus, Holz wurde knapp, die Konkurrenz schlief nicht. Ihre Spezialität waren große Bouteillen und Apothekerglas, das sie in ganz Preußen verkaufen konnte. Als es mit dem Brennstoff Holz immer schwieriger wurde, verlegte sie die Fabrikation an den Dagowsee, Neuglobsow entstand. Neben Zechlin und Annenwalde arbeitete hier die bedeutendste Glashütte der Kurmark. Bald errichtete sie eine zusätzliche Glashütte in Steinförde, nicht weit von Neuglobsow entfernt, aber damals in Mecklenburg gelegen. So überwand sie Zollschranken und verkaufte nun auch in Hamburg. 1787 wurde die Feuerung mit Holz bei der Glasherstellung grundsätzlich verboten. In Neuglobsow stellte sie auf Torf um und ließ in Friedrichsthal bei Oranienburg eine weitere Glashütte errichten, die mit Steinkohle befeuert wurde. Als Lohanna Louise Pirl 1810 starb, war sie bereits eine Legende als die „Weiße Frau von Globsow".

Am Dagowsee

Eine der Infotafeln am „Historischen Pfad" erinnert
an die **Stechlinseebahn**, die bis 1945 in Gransee von
der Hauptstrecke Berlin – Rostock abzweigte, um über
Schulzendorf, Groß Woltersdorf und Menz nach Neuglobsow zu führen. Fast 23 Kilometer war sie lang und
erst 1930 in Betrieb gestellt worden. Die Schienen wurden nach dem 2. Weltkrieg als Reparationsleistungen in
die Sowjetunion gebracht. Zwar wurde die 14 Kilometer
lange Strecke bis Groß Woltersdorf noch einmal in
Betrieb genommen, aber 1969 endgültig eingestellt.
Der Bahndamm zwischen Menz und Neuglobsow dient
heute als Radweg.

Dagow

Ein kleiner Ortsteil von Neuglobsow liegt am anderen
Ende des Dagowsees und heißt Dagow. Zu Fuß kommt
man am besten auf dem rund 4 Kilometer langen
Dagowsee-Rundweg dorthin. Er ist teilweise als Naturlehrpfad gestaltet.

Dagow und Neuglobsow
liegen im Landschafts-
schutzgebiet „Fürstenber-
ger Wald- und Seenge-
biet".

Dagow besitzt eine Sehenswürdigkeit, die sogar
auf der brandenburgischen Denkmalliste steht: der
historische Teil des Friedhofs. Hier wurden im 19. Jahrhundert, während der Blütezeit der Glasproduktion,
die Familien der Glashüttenbesitzer bestattet. Es zeigt
sich ihr Repräsentationsbedürfnis über den Tod hinaus.
Zum Beispiel der kunstvolle gusseiserne Sarg des
Johann Michael Greiner (der Name verrät die thürin-
gische Herkunft) oder die Gruftanlage „Metas Ruh".

Menz und Umgebung

Unterwegs von Rheinsberg zum Stechlinsee führt der Weg durch Menz. Der Ort ist in vielerlei Hinsicht bemerkenswert. Zum einen ist er selbst einen Besuch wert, zum anderen ist er Ausgangspunkt für lohnenswerte Abstecher. Beginnen wir in der Ortsmitte von Menz, am großflächigen **Dorfanger**, der ob seiner alten Linden und Eichen den Eindruck eines Parks vermittelt. Rund um den Anger haben sich Hofanlagen aus dem 17. Jahrhundert erhalten. Das älteste Gebäude von Menz ist allerdings die Feldsteinkirche aus dem Jahr 1585 am nördlichen Ende des Angers mit einem hölzernen Tonnengewölbe im Inneren und dem Turm von 1772.

Gegenüber der Kirche befindet sich das **Natur-ParkHaus Stechlin.** Hier, wo einst der preußische Oberförster der umliegenden Wäldereien residierte, wird der Naturpark Stechlin-Ruppiner Land wie unter einer Lupe präsentiert. Dies allerdings weniger hochwissenschaftlich, sondern unterhaltsam, spielerisch, leicht verständlich. Die interaktive Ausstellung ist nicht nur für Kinder spannend. Wo sonst kann man mit einem Kranich telefonieren oder die Welt mit Libellenaugen sehen? Hier geht es auf die höchsten Baumwipfel, in die tiefsten Tiefen des Stechlin, und besonders Mutige trauen sich in den finsteren nächtlichen Wald

linke Seite: Im Kräutergarten des NaturParkHauses Stechlin in Menz

i NaturParkHaus Menz
Kirchstr. 4
16775 Stechlin, OT Menz
Tel. 033082 51210
www.naturparkhaus.de
ganzjährig und täglich
geöffnet: Mai–Sept 10–18
Uhr, Okt.–April 10–16 Uhr

Rund um das Haus findet jährlich Ende Juni das „Waldfest Menz" statt.

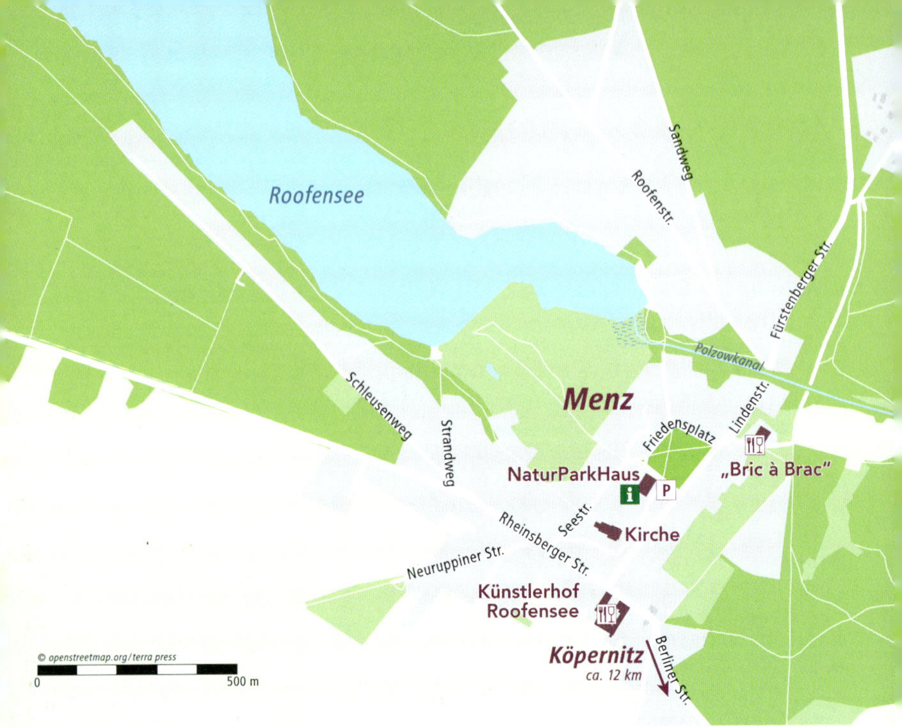

Roofensee

Sandweg

Roofenstr.

Fürstenberger Str.

Polzowkanal

Lindenstr.

Menz

Schleusenweg

Strandweg

Friedensplatz

"Bric à Brac"

NaturParkHaus

P

Seestr.

Rheinsberger Str.

Kirche

Neuruppiner Str.

**Künstlerhof
Roofensee**

Köpernitz
ca. 12 km

Berliner Str.

© openstreetmap.org/terra press

0   500 m

*Interessanter Pilzfund bei einer
Führung vom NaturParkHaus*

mit seinen geheimnisvollen Geräuschen (die zu erraten
sind). Kein Wunder, dass das Haus ständig ein Anziehungspunkt für Schulklassen der weiteren Umgebung
ist. Zum Haus gehört ein üppiger Garten, in dem es
einiges zu entdecken gibt.

Das NaturParkHaus ist das Besucher- und Infor-
mationszentrum des Naturparks Stechlin-Ruppiner
Land. Mehrere interessante Lehrpfade beginnen hier,
so der 6 Kilometer lange Wald- und Wassererlebnispfad
rund um den Roofensee oder die Tour „**Von Moor zu
Moor**". Sie ist 12 Kilometer lang und stiftet Bekannt-
schaft mit ganz unterschiedlichen Niedermoortypen.
An fünf Stationen werden sie auf Informationstafeln
ausführlich vorgestellt. Dabei geht es um die blühende
Feuchtwiese, um die Entwicklung des Torfs, das
Zusammenspiel der Lebewesen, aber auch, wie ein
Moor durch Verlandung zurückkehrt. Ein besonderes
Erlebnis ist der Gang durch den Erlenwald am Ende des
Roofensees. Anfang Juni bringt ihn die gelbe Sumpf-
Iris zum Leuchten.

Man solle Menz nicht verlassen, ohne eine Blick in
den **Künstlerhof Roofensee** geworfen zu haben. Der
über 100 Jahre alte Vierseithof ist in der typisch märkischen Mischung von Feld- und Ziegelsteinen erbaut.
Die riesige Hofanlage ist zu einem paradiesischen
Garten gestaltet. In der Kunstscheune des Hofes finden
wechselnde Ausstellungen statt, hier treffen sich

Künstler zum kreativen Austausch. Die sechs großzügigen und nach Feng Shui ausgestatteten Appartements machen Menz zum exklusiven Ferienort, zumal es zum Roofensee nur fünf Gehminuten sind.

Rund 2 Kilometer außerhalb von Menz befindet sich mitten im Wald das Institut der buddhistischen **Karma-Kagyü-Schule**, eine der vier großen Schulen des Buddhismus in Tibet. Er ist ein Ort für Unterweisungen, Meditationskurse, Yoga usw. Im eigenen Internet-Auftritt heißt es: „Fernab von Straßenlärm und den Ablenkungen der Stadt, bietet er vorzügliche Möglichkeiten der Konzentration und des Rückzugs." Für die Praxis bietet der Platz zwei unterschiedlich große Meditationsräume. Geplant ist ein weitläufiger Kloster- und Tempelkomplex.

Abstecher nach Köpernitz

Von Menz aus führen mehrere Wege nach Köpernitz: ein 10 Kilometer langer Wanderweg, eine 11 Kilometer lange Kremserfahrt und eine 40 Kilometer lange Radtour, die auch Rheinsberg berührt. Sie alle sind in einem Info-Flyer enthalten, der im NaturParkHaus ausliegt.

Ziel aller Touren ist das **KulturGutshaus Köpernitz**, dessen bröckelnde Fassade nicht von einem besinnlichen Aufenthalt abhalten soll. Hier lebte bis zu ihrem

Künstlerhof Roofensee
Berliner Straße 9
16775 Stechlin OT Menz
Tel. 033082 40250
www.kuenstlerhof-roofensee.de

🍴 Französisches Café „Bric à Brac" in Menz
hausgemachter Kuchen
Lindenstraße 18
Tel. 033082 799980
www.cafe-bric-a-brac.de
Sa/So 12–18 Uhr

Künstlerhof Roofensee: Kunstwerk aus dem Atelier des Bildhauers Robert Günther

Tod 1859 33 Jahre lang die Gräfin de la Roche Aymon, geborene Karoline Amalie von Zeuner, genannt „Prinzessin Goldhaar". Die Schönheit ehelichte einen jener Emigranten, die nach der Französischen Revolution am Hof des Prinzen Heinrich unterkamen. Er brachte es zum Adjudanten des Prinzen und wurde einer seiner Günstlinge. Folglich erhielt er ein Gut geschenkt – das Erbzinsgut Köpernitz. Wie die Gräfin nach dem Sieg über Napoleon ihrem Gatten nach Paris folgte, aber nach ein paar Jahren enttäuscht nach Rheinsberg zurückkehrte und das Gut bestellte, das alles kann man bei Theodor Fontane in den „Wanderungen durch die Mark Brandenburg" nachlesen.

Förderverein KulturGutshaus Köpernitz e.V.
Bergstraße 17
16831 Köpernitz
www.kulturgutshaus.de

Heute kümmert sich der „Förderverein Köpernitzer KulturGutshaus e.V." mit der Gemeinde um den Fortbestand des Gebäudes. Konzerte und Ausstellungen beleben von Zeit zu Zeit die restaurierten Räume. Auch der Park ist eine Stippvisite wert.

Zernikow

rechte Seite: Maulbeerbaum

Wanderer, kommst du nach Zernikow, dann führt dich dein Weg durch Alleen: eine Pappelallee, eine Lindenallee, eine Buchenallee und – die merkwürdigste von allen – eine Maulbeerallee. Angelegt wurden diese Alleen ursprünglich von jenem Michael Gabriel Fredersdorf, der das Rittergut Zernikow im Jahr 1740 vom Preußenkönig Friedrich II. kurz nach dessen Thronbesteigung bekommen hatte.

Noch als Kronprinz hatte es sich der spätere König vielleicht als Rückzugsort von seinem kleinen Rheinsberger Hofstaat gedacht. Zu Pferde konnte er in gut einer Stunde dort sein. Der König und Fredersdorf, der Mann aus dem Volk, standen sich 28 Jahre lang sehr nahe. Das gemeinsame Flötenspiel hatte sie

Das Herrenhaus in Köpernitz

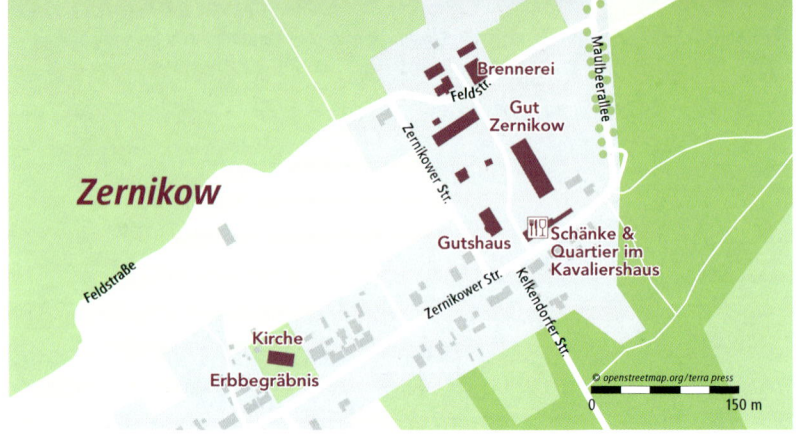

Zernikow

Brennerei

Gut Zernikow

Feldstr.

Maulbeerallee

Zernikower Str.

Gutshaus

Schänke & Quartier im Kavaliershaus

Zernikower Str.

Kelkendorfer Str.

Feldstraße

Kirche

Erbbegräbnis

© openstreetmap.org/terra press

0   150 m

zusammengebracht, dann wurde Fredersdorf zunächst der Kammerdiener des Kronprinzen und schließlich Geheimer Kämmerer und Schatzmeister des Königs, er war „Mädchen für alles".

Aus dem ursprünglich kleinen Rittergut Zernikow wuchsen durch Ankauf nach und nach die Fredersdorfschen Güter rund um Zernikow. Mit den Alleen dokumentierte er seinen Herrschaftsanspruch über diese Ländereien. Friedrich II. sagte später über ihn: „Er fand eine vernachlässigte Sandscholle und hinterließ ein wohlkultiviertes Gut." Mit der **Maulbeerallee** zeigte sich Fredersdorf als patriotischer Gefolgsmann seines Herren. In den 1750er Jahren war der Anbau von Maulbeerbäumen eine der ersten Pflichten eines preußischen Untertanen. Auf Kirchhöfen, vor Schulen, entlang von Straßen, aber auch auf riesigen Plantagen wurden sie angebaut. Über eine Million sollen es in ganz Preußen gewesen sein. Und sie hatten nur einen Zweck: Nahrung für Seidenraupen zu bieten und so die Seidenindustrie des Landes anzukurbeln.

Die Maulbeerallee von Zernikow

Wer war eigentlich Michael Gabriel Fredersdorf?

Geboren wurde Fredersdorf 1708 als Sohn des Stadtmusikus von Gartz/Oder. Als einfacher Soldat war er just zu der Zeit auf der Festung Küstrin stationiert, als der preußische Kronprinz Friedrich dort eine vom Vater verhängte Haft verbüßte. Später wird es heißen, Friedrich und Fredersdorf seien sich beim Flötenspiel nähergekommen. Friedrich behielt den „großen, schönen Menschen" von nun an immer an seiner Seite.

Zunächst als Lakai, dann als Kammerdiener und schließlich als Geheimer Kämmerer. Fredersdorf verwaltete die Privatschatulle Friedrichs, kümmerte sich um die Ausstattung der Schlösser, beschaffte Kunstwerke, Flöten und Tabaksdosen, engagierte Musiker und Tänzerinnen. Mehr noch: Er rekrutierte Agenten und regelte den privaten Besucherverkehr des Königs. Selbst die Mitglieder der Familie mussten sich an Fredersdorf wenden, wenn sie zum König wollten. Von Voltaire ist ein Brief an Fredersdorf erhalten, in dem der große Aufklärer in devotem Ton darum bittet, beim König ein gutes Wort für ihn einzulegen.

Das grenzenlose Vertrauen Friedrichs zu Fredersdorf war umso erstaunlicher, als Fredersdorf nicht von Adel war. Immerhin gab es im Heer des standesbewussten Friedrich so gut wie keine bürgerlichen Offiziere. Der König sah über die schwache Gesundheit seines Vertrauten ebenso hinweg wie über dessen Versuche, ihn in die Geheimnisse der Goldmacherei einzuweihen. Fredersdorf war nicht mit außerordentlichen geistigen Gaben gesegnet. So sprach er kein Französisch – Friedrichs „Muttersprache" und Umgangssprache bei Hofe. Dadurch war der König gezwungen, mit seinem Diener auf Deutsch zu verkehren. Der teilweise erhaltene Briefwechsel zwischen den beiden offenbart, wie schlecht sich Friedrich auf Deutsch ausdrücken konnte: „Wegen deiner gesundheit freüet es Mihr, dass das Fiber weckist." Andererseits zeigt er eine menschliche Seite, die ohne diese Briefe nie offenbar geworden wäre.

Die bevorzugte Stellung bei Hofe, die Heirat mit einer schwerreichen Bankierstochter und eigene unternehmerische Aktivitäten machten Fredersdorf zu einem der reichsten Männer in Preußen. Er war Rittergutsbesitzer, besaß Brauereien, sogar Ländereien in Indien sollen ihm gehört haben. Leider endete auch diese Männerfreundschaft wie manche andere von Friedrich mit einem heftigen Hinauswurf. Das hat dem ohnehin kränkelnden Fredersdorf endgültig die Lebenskraft geraubt. Er starb während des Siebenjährigen Krieges 1758 in Potsdam. Einen Monat zuvor hatte der König in der Schlacht bei Leuthen die Österreicher geschlagen.

Fredersdorf soll auf seinen Gütern über 8000 dieser Bäume angepflanzt haben. Entlang der Straße nach Burow stehen noch etwa 70 knorrige Exemplare. Nicht wenige von ihnen stammen aus der Zeit, als Fredersdorf hier gelegentlich nach dem Rechten sah.

Die Maulbeere spielt in Zernikow noch heute eine wichtige Rolle. Im Gutshaus gibt es eine Ausstellung über die Seidenproduktion. Die Stars dieser Schau sind lebende Seidenraupen, die den Besuchern vorführen, wie viele Blätter des Maubeerbaumes sie in kurzer Zeit verdrücken können.

Höhepunkt ist das jährliche **Maulbeerfest**, das seit 2001 am ersten Samstag im August gefeiert wird. Dann werden die Gäste davon überzeugt, dass man aus der Maulbeere auch schmackhafte Dinge zaubern kann, die Kuchen ebenso veredeln wie deftige Stullen. Es gibt Führungen durch die Maulbeerallee, Handwerker zeigen, wie aus Seidenfäden schmucke Tücher werden, und auch dieser oder jener Fachvortrag bietet Wissenswertes um die Seidenraupenzucht.

Nach Fredersdorfs Tod ging das Leben in Zernikow weiter. Seine Witwe, die aus der steinreichen Bankiersfamilie Daum stammende Caroline Marie Elisabeth, heiratete 1760 Johann Freiherr von Labes. Eine Tochter und ein Sohn gingen aus dieser Verbindung hervor. Als die Tochter nach der Geburt eines Sohnes starb, kümmerte sich die Großmutter, also die Gutsherrin von

links: Gutshaus von Zernikow
rechts: Blick durch einen Torspalt in ein Veranstaltungsraum in einer alten Scheune

linke Seite: restauriertes Zimmer

Gut Zernikow
Zernikower Str. 43
16775 Großwoltersdorf
OT Zernikow

🍴 Buchungsanfragen,
Schänke und Quartier
Tel. 033082 404 848
www.gut-zernikow.de

🏁 Maulbeerfest
am 1. Samstag im August

Zernikow, um die Erziehung des Jungen. Er sollte
es zum berühmten Dichter der Romantik bringen:
Achim von Arnim.

Das alles muss hier ausführlich erzählt werden,
weil nur so der Anspruch deutlich wird, den das Gut
Zernikow heute noch verkörpert: ein geistiger Mittelpunkt im Norden Brandenburgs mit Lesungen, Vorträ-
gen, Konzerten. Zernikow hat sich dank der rührigen
Initiative Zernikow e.V. als **Musenhof** neu erfunden.

Für den heutigen **Besucher stellt sich der Gutshof in
Zernikow sehr viel anders dar, als ihn Fredersdorf erlebt
hat. In den Jahren nach seinem Tod wur**den zunächst
ein englischer Garten angelegt, ein Hospital errichtet
und die Kirche umgebaut. Ein Erbbegräbnis wurde
angelegt. Unter dem Gutsherren Erwin von Arnim
kamen nach 1892 eine Brennerei hinzu, ein Sägewerk,
ein beheizbares Gewächshaus, ein Glashaus für den
Weinanbau und vieles andere mehr.

Zernikow wurde ein typischer märkischer Gutshof
zwischen Landwirtschaft und Industrie. Das **Herrenhaus** ist nach Jahren der Restaurierung als kleiner,
barocker Schlossbau wieder eine Zierde des Ortes,
das frühere Inspektorenhaus beherbergt ein Café mit
Fremdenzimmern.

Mehrere Ausstellungen präsentieren sich den
Besuchern: Im Kavaliershaus „Vom Maulbeerbaum
zur Seide – Seidenbau in Brandenburg"; im Gutshaus
„Kronprinz Friedrich und sein Kämmerer Freders-
dorf – von Küstrin bis Zernikow". Die Ausstellung
„Der junge Arnim" befasst sich mit dem Leben und
Wirken des Dichters. Die Brennerei ist Ort wechselnder
Kunstausstellungen.

*Seidenraupe und ihre Lieblings-
speise Maulbeerblätter*

Dollgow und Schulzenhof

Die nächsten Ziele sind Dollgow und das nahe Schulzenhof. Als Grund für den Besuch würde das Gasthaus
mit Ferienzimmern am idyllischen Dollgowsee bereits
voll und ganz ausreichen. Wir aber begeben uns auf die
Spuren eines berühmten Schriftstellerehepaares. Man
muss sehr genau aufpassen, um den Abzweig von der
Straße zwischen Menz und Gransee nicht zu verpassen,
um auf die Straße nach Dollgow zu gelangen.
Der Ort, am malerischen **Dollgowsee** gelegen, überrascht mit einem sehr aufgeräumten und farbenfrohen
Dorfanger. In der zur Zeit des „Alten Fritz" erbauten
Dorfkirche schlägt eine der ältesten erhaltenen Glocken
Brandenburgs. 1490 wurde sie gegossen.

Am Dorfanger steht auch „Seeling's Gast- und
Logierhaus". Das ist eine im besten Sinne urige Dorf-
gaststätte mit deftigen Speisen zu bezahlbaren Preisen.
Auf den ersten Blick nicht zu sehen ist die Gartenidylle

M Ausstellungen im
Kavaliershaus und
Gutshaus Zernikow
Mo–Fr 10–15 und
Sa, So 12–15 Uhr geöffnet

*linke Seite: „Baum der Bücher"
mit lebensgroßem Erwin Strittmatter in Dollgow*

Gast- und Logierhaus in der Dorfmitte von Dollgow

hinter dem Haus. Hier geht es direkt zur Badestelle am Dollgowsee. Das Gast- und Logierhaus erweist sich als einladendes Feriendomizil. Das Wasser hat beste Badequalität, und ein fünf Kilometer langer Rundwanderweg um den See bietet Entspannung in unverbrauchter Natur.

Die wichtigste Sehenswürdigkeit ist der Gedenkort für das Schriftstellerehepaar Eva und Erwin Strittmatter in der Ortsmitte. Da steht ein „**Baum der Bücher**" mit einem überlebensgroßen Halbrelief des Autors des „Laden", des „Wundertäter", des „Ole Bienkopp" und vieler anderer Bücher. Übrigens: Die Figur des bienenzüchtenden „Ole Bienkopp" trägt die Züge des einstigen Vorsitzenden der Dallgower LPG „Frohe Zukunft".

Vor dem „Baum der Bücher" berichten **gläserne Stelen** in Wort und Bild aus dem Leben der berühmten Nachbarn in Schulzenhof. Das ist genau genommen nicht einmal ein Dorf. Es ist ein Vorwerk, eine Ansammlung von ein paar wenigen Gehöften, rund zwei Kilometer von Dollgow entfernt, das selbst ein Ortsteil der Gemeinde Stechlin ist. Auf einer der Stelen

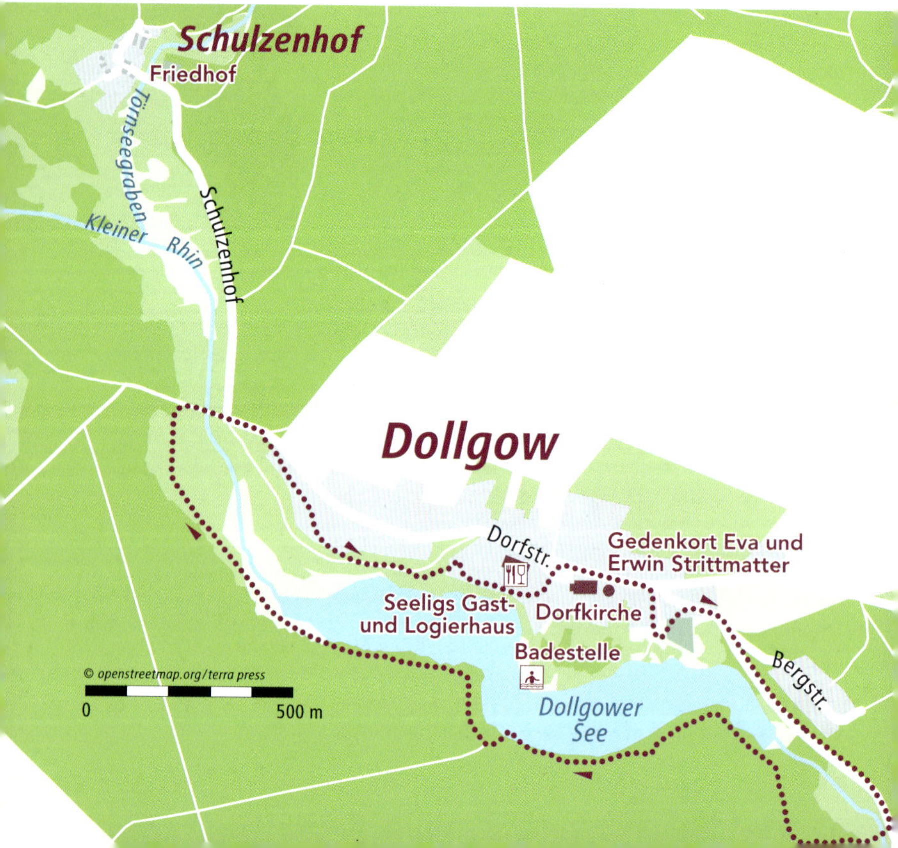

Schulzenhof
Friedhof

Törnseegraben

Kleiner Rhin

Schulzenhof

Dollgow

Dorfstr.

Gedenkort Eva und Erwin Strittmatter

Seeligs Gast- und Logierhaus

Dorfkirche

Badestelle

Bergstr.

© openstreetmap.org/terra press

0   500 m

Dollgower See

Badestelle des Gasthauses

heißt es: „Schulzenhof, das Vorwerk bei Dollgow, war für Eva und Erwin Strittmatter mehr als ein Wohnort. Als sie 1954 von der Großstadt hierher zogen, wurde Schulzenhof zum Pol und Gegenpol ihrer literarischen Arbeit. Beide, jeder auf seine Weise, reflektieren die herbe Schönheit der Landschaft, den Jahreslauf, das Werden, Wachsen und Vergehen in der Natur."

Schulzenhof war für sie nicht nur Wohn- und Schaffensort, sondern auch Metapher für Natur, Ursprünglichkeit, Geradlinigkeit. Aber auch ein Ort selbst gewählter Abgeschiedenheit. Es heißt, in späteren Jahren brachte für Erwin Strittmatter selbst der Besuch der Söhne und der Enkel ein kaum mehr erträgliches Maß an Lärm und Aufregung.

130 Pferde hat Erwin Strittmatter im Laufe der Jahre in Schulzenhof gezüchtet. In der Szene der Pferdezüchter der DDR war er eine anerkannte Größe und erzielte gute Preise. Nicht zufällig hat sich der Ortsname in manchen Buchtitel eingeschlichen: „Schulzenhofer Kramkalender" von Erwin Strittmatter aus dem Jahr 1966, die 3 Teile der „Briefe aus Schulzenhof" von Eva Strittmatter, erschienen zwischen 1977 und 1995, und der Band „Für meine Schulzenhof-Freunde" von 2008 von Eva Strittmatter.

Wer in Schulzenhof das Anwesen der Strittmatters sucht, muss die Hilfe von Einheimischen in Anspruch nehmen, denn irgendwelche Hinweise gibt es nicht. Wohl aber zeigt ein kleines Schild in Richtung

🍴 Seelig's Gast- und Logierhaus
Dorfstraße 47
16775 Dollgow
Tel. 033082 50204
www.seeligs-gasthaus.de

Stele für die Strittmatters

WER WAREN EIGENTLICH DIE EHELEUTE STRITTMATTER?

Wenn vom „Schriftstellerehepaar" Erwin und Eva Strittmatter die Rede ist, mag mancher auf den Gedanken kommen, hier verfassen zwei gemeinsam ihre Bücher. Nichts falscher als das. Auch wenn sich Erwin Strittmatter von seiner späteren Ehefrau, einer studierten Germanistin, eine kundige Assistentin erhofft hatte, kam es dann doch ganz anders. Er verfasste Romane, Kurzgeschichten und zwei Theaterstücke, sie machte sich in späteren Jahren vor allem als Lyrikerin einen Namen. Wenn er beim Schreiben seiner Romane aus dem Fenster sah, blickte er seit 1954 ins Ruppener Land, auf die Koppeln mit seinen Pferden. Die meisten seiner Werke, so auch die in den 1990er Jahren verfilmte Trilogie „Der Laden", handelten allerdings an den Orten seiner Kindheit in der Niederlausitz.

Eva und Erwin Strittmatter heirateten im Jahr 1956, für beide war es die zweite Ehe. Aus ihr gingen drei Söhne hervor. Eva Strittmatter war 18 Jahre jünger als ihr Mann. Leicht gemacht hat er ihr Leben nicht. Erwin Strittmatter, bereits zu Lebzeiten ein vielgelesener und hochgeachteter Schriftsteller, war aber auch selbstbezogen, besitzergreifend und aufbrausend.

Erwin Strittmatter starb 1994, nur wenige Wochen nach dem Tod seines Sohnes Matti. Seine Frau überlebte ihn um 17 Jahre. In dieser Zeit bearbeitete sie den Nachlass ihres Mannes und gab Nachgelassenes heraus. Das Gymnasium in Gransee trägt seit 2005 den Namen von Erwin und Eva Strittmatter.

Erwin Strittmatter, aus:
Schulzenhofer Kramkalender

Der Giersch
Im Sommer steht der Garten voll
Giersch. Er überwuchert die Blumen-
beete. Wir mögen ihn nicht und reißen
ihn aus. „Immer der Giersch, ein zähes
Unkraut, der Giersch!"
Der Winter kommt und der Winter
geht. Zwölf Wochen lang Schnee. Die
Augen warn seines Glanzes müde. Eines
Mittags kommt schüchtern die Sonne.
Leise leckt sie den Schnee vom Staket.
Und was steht dort im Schutze der
Latten? Kleine Blätter, gekrümmt noch:
der Giersch.
Wir wundern und freun uns: Bald
kommt der Frühling: „Saht ihr den
Giersch? Der Giersch ist wieder da!"

Eva Strittmatter

Briefe aus Schulzenhof
29. Oktober 1965 (Auszug)
Ich sehe auf den Weg hinter den Wiesen
hinaus. Da kommt der Matti mit zwei
arabischen Pferden, er bringt sie von
der Koppel heim, und gleich wird der
Chef zum Reiten rüsten. Jetzt schreibt
er noch, und auch der Matti hat bis eben
geschrieben...

Inschrift auf ihrem Grabstein
Ich liebte Sie. Hoffnungslos, Schwei-
gend. Wie ein Geschlagener sich ergibt.
Aufrichtig. Zärtlich. Fallend. Steigend.
Geb Gott, daß Sie ein andrer je so liebt.
Puschkin

Waldfriedhof. Hier sind die Gräber des Ehepaars unübersehbar: große Feldsteine und davor ein bunter Blumenschmuck. In beide Steine sind die Autogramme eingemeißelt. Dazu ein Vers von Alexander Puschkin auf dem Stein für Eva Strittmatter, die 2011 starb. Ein Zitat aus dem „Laden" steht auf dem Stein von Erwin Strittmatter, der 1994 in Schulzenhof starb: „Löscht meine Worte aus und seht: der Nebel geht über die Wiesen." – Genug Stoff zum Nachdenken.

Blick vom Friedhof auf den Ortseingang von Schulzenhof

Die Gräber von Eva und Erwin Strittmatter sind mit Feldsteinen geschmückt.

September 2020

Rheinsberg und seine Seenkette

Top 10
NICHT VERPASSEN

1 Eine Führung durch das Schloss Rheinsberg ▸ S. 123

2 Eine Aufführung der Kammeroper im Rheinsberger Heckentheater besuchen ▸ S. 137

3 Der Blick vom Obelisk über den Grienericksee auf das Schloss ▸ S. 134

4 Eine Fahrt mit dem Ausflugsschiff über die Rheinsbeerger Seenkette ▸ S. 138

5 Teekannen in den Rhinpassagen bewundern ▸ S. 142

6 Drei Königinnen in Mirow die Aufwartung machen ▸ S. 150

7 Über die Boote in der Marina Wolfsbruch staunen ▸ S. 149

8 Von hoch über dem Schwarzen See auf Flecken Zechlin herabblicken. ▸ S. 147

9 Tucholskys Schreibtisch im einzigen Museum für den Schriftsteller anschauen ▸ S. 130

ANFAHRT

🚲 Anreise mit dem Rad
Durch Rheinsberg führt die „Tour Brandenburg".

◆ Anreise mit Bahn und Bus
In der Sommersaison fährt die Regionalbahn RB 54 von Löwenberg (Mark) nach Rheinsberg (einmal am Tag ab Berlin-Lichtenberg). Ab Berlin RE 5 bis Löwenberg (Mark).

Mit dem RE 6 stündlich bis Neuruppin, von dort weiter mit Bus 764 (verkehrt täglich); alternativ mit RE 5 bis Gransee und weiter mit Bus 784 bis Lindow und dann mit Bus 764 bis Rheinsberg. Von Rheinsberg nach Zechlinerhütte mit Bus 788, nach Dorf Zechlin und Flecken Zechlin mit Bus 785.

🚗 Anreise mit Auto
Vom Berliner Ring A10 am Kreuz Oranienburg auf B96, in Gransee Abzweig auf L22 und L223 nach Rheinsberg. Von dort weiter auf B11 nach Zechlinerhütte bzw. L15 nach Dorf Zechlin und Flecken Zechlin.

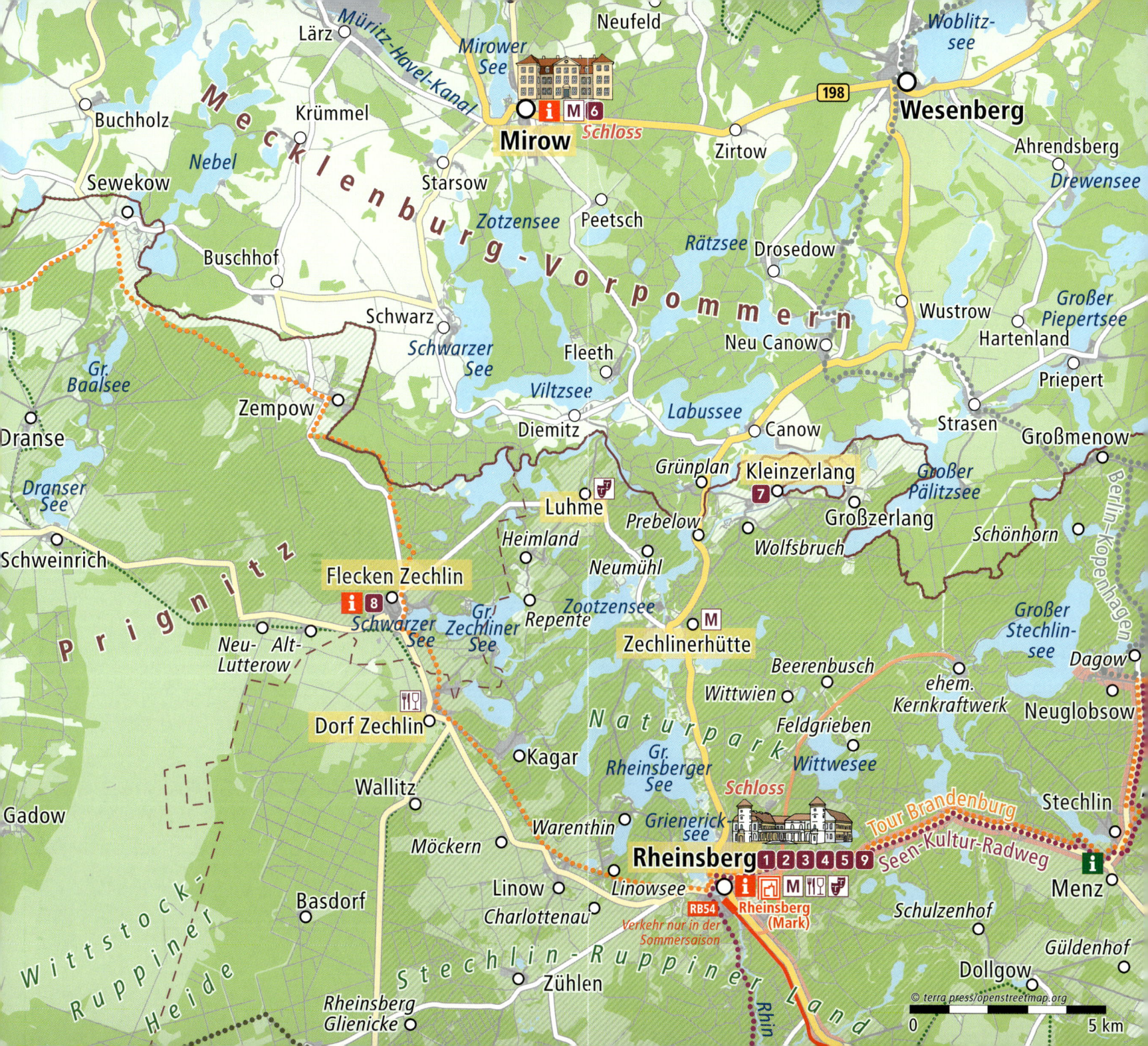

(((4

Kein Zweifel, Rheinsberg ist ein ganz besonderer Sehnsuchtsort in der Mark Brandenburg. Bekannte Persönlichkeiten haben dafür ihren Beitrag geleistet: der philosophierende Kronprinz Friedrich, der ewige Prinz Heinrich, der Beobachter und Chronist Theodor Fontane, der poetische Journalist (oder auch journalistische Poet) Kurt Tucholsky, der komponierende Opernchef Siegfried Matthus und viele, viele andere. Aber sie alle hätten nichts ausrichten können, wäre da nicht die bezaubernde Landschaft aus viel Wasser – Stichwort: Rheinsberger Seenkette –, aus tiefen Wäldern und weitem Himmel.

Bevor wir uns dem Zauber des Ortes und der Landschaft hingeben, wären da allerdings einige Dinge zu klären:

Erstens, Rheinsberg liegt nicht am Rheinsberger See. Das Gewässer, das auf den wunderschönen Fotos vor Schloss Rheinsberg zu sehen ist, ist der Grienericksee.

Zweitens, der „Alte Fritz" hat mit Rheinsberg nichts zu tun. Als Kronprinz verlebte Friedrich hier vier Jahre, bevor er als 2. seines Namens 1740 den preußischen Thron bestieg. Er kam Ende jenes Jahres noch einmal zurück, um in der Abgeschiedenheit der märkischen Wälder seinen ersten Krieg um Schlesien vorzubereiten, und verließ danach Rheinsberg für immer.

Drittens ist es bemerkenswert, dass man sich in Rheinsberg dem Andenken an Kurt Tucholsky verschrieben und ihm sogar ein Museum eingerichtet hat. Der Schriftsteller selbst hat im Spätsommer 1911 ein glückliches Wochenende mit seiner Jugendliebe Else Weil hier verlebt. Er hat daraufhin ein Buch geschrieben, das noch heute ein Bestseller ist und den Namen Rheinsberg überall in Deutschland bekannt gemacht hat. Gelebt oder gearbeitet hat Tucholsky in Rheinsberg nie.

Nachdem das geklärt ist, können wir uns voll und ganz Rheinsberg hingeben. Aber wo beginnen? Selbstverständlich am Schloss.

Holzskulptur einer Nixe am Rheinsberger Bollwerk von Tony Torrilhon

Schloss Rheinsberg

Vor dem Tor zwischen der Stadt und dem Schlossareal begrüßt uns Friedrich, der junge. Ziemlich lässig steht er da. Er hat den Degen als Zeichen seiner Würde angelegt, blättert aber mit der linken Hand in einem Buch. Das Bronzestandbild wurde 1903 vom Berliner Bildhauer Gottlieb Elster geschaffen. Zwischen 1950 und 1995 war es vor der Öffentlichkeit verborgen. Friedrich scheint Gäste zu erwarten.

Also treten wir ein. Und wir bemerken sofort: Das ist ein Wasserschloss. Auch wenn die Gräben zum Bestandteil der kunstvollen Parkanlage geworden sind, täuscht das nicht darüber hinweg, dass hier einst eine Zugbrücke Freund und Feind schied. Das Schloss war ursprünglich eine befestigte Burg an der Nordgrenze der Mark Brandenburg, später ein Renaissance-Schloss des hiesigen Landadels. 1734 kaufte es der „Soldatenkönig" Friedrich Wilhelm I. samt umliegender Ländereien für seinen Sohn, den Kronerben Friedrich. Er wollte ihm und seiner zwangsweise Angetrauten Elisabeth Christine von Braunschweig-Wolfenbüttel-Bevern in ausreichender Entfernung von den Residenzen Berlin und Potsdam einen kleinen Hofstaat ermöglichen.

Blick durch das Haupttor zum Obelisk auf der anderen Seeseite

Schloss Rheinsberg
Apr.–Okt.
Di–So 10–18 Uhr
Nov.–März
Di–So 10–17 Uhr
nur mit Führung
Tel. 033931 7260
www.spsg.de

linke Seite: Schloss Rheinsberg am Grienericksee

Und Friedrich konnte die wenig standesgemäße Unterkunft in Neuruppin aufgeben. Ein Drittel des Kaufpreises und ein Großteil der Kosten für die Umbauarbeiten stammten aus der Mitgift der Kronprinzessin. Zwei Jahre nach dem Kauf konnte der künftige König mit seiner Gemahlin einziehen. Die Bautätigkeit aber dauerte während des gesamten Aufenthaltes des Kronprinzen im Schloss an.

links: Muschelsaal im Schloss Rheinsberg

Kronprinz Friedrich als Bauherr

Wenn Friedrich II. später schrieb, er habe in Rheinsberg seine glücklichsten Jahre verlebt, so muss klar sein: Es war das Leben auf einer Baustelle. Hauptakteur auf dem Bau war der Jugendfreund des Kronprinzen, der Maler, Theaterintendant und Architekt **Georg Wenzeslaus von Knobelsdorff**, der zunächst zu Studienzwecken monatelang nach Italien geschickt wurde. Als Knobelsdorff mit den Arbeiten begann, bestand das Schloss nur aus einem Turm und einem Gebäudeflügel.

Kronprinz Friedrich erwartet Gäste vor seinem Schloss

In nur drei Jahren entstand das Ensemble in seiner heutigen Form: Dem Mittelbau, genannt Corps de Logis, dem urspünglich südlichen und hinzugebauten nördlichen Gebäudeflügel, jeweils mit einem Turm als Abschluss, und der Kolonnade, die beide Flügel verbindet. So entstand zur Seeseite hin jener vielgliedrige Bau, der Schloss Rheinsberg so unverwechselbar macht.

Bei der Innengestaltung war ein Künstler am Werk, der sich als Hofmaler bereits einen Namen gemacht hatte: **Antoine Pesne**. Das Deckengemälde „Die aufgehende Sonne vertreibt die Schatten der Finsternis" im repräsentativen Spiegelsaal ist eins seiner Meisterwerke. Zwischen Knobelsdorff und Pesne entwickelte sich in Rheinsberg jene künstlerisch hochproduktive Freundschaft, ohne die das Potsdamer Weltkulturerbe nicht möglich gewesen wäre. Zu den Künstlern, die erst in Rheinsberg und dann in Potsdam das friderizianische Rokoko prägten, gehörten der Bildhauer Christian Friedrich Glume (1714–1752) – von ihm stammen die vier Attika-Figuren über dem Mittelbau –, der Gärtner Johann Samuel Sello (1715–1787) und der Stukkateur August Nahl (1710–1781).

Überhaupt nahm in Rheinsberg vieles seinen Anfang, was Jahrzehnte später noch im Leben Friedrichs II. nachwirkte: so die Schriftstellerei, mit dem „Antimachiavell", einer Streitschrift gegen den Machtmissbrauch herrschender Monarchen. Im Kabinett des Südturms des Schlosses schrieb er den ersten Brief an Voltaire und initiierte damit den geistigen Austausch mit dem großen Aufklärer (der Ende 1740 sogar nach Rheinsberg zu Besuch kam), hier studierte Friedrich die Feldherren der Antike, um ihnen bald nachzueifern, und hier begründete er mit Freunden die Tradition der Tafelrunden.

WER WAREN EIGENTLICH KNOBELSDORFF UND PESNE?

Der rigorose Sparkurs Friedrich Wilhelms I. und seine Geringschätzung der Künste veranlassten Kronprinz Friedrich, in Rheinsberg namhafte Künster um sich zu versammeln. So auch Antoine Pesne (das „s" wird nicht gesprochen). 1683 in Paris geboren, in Rom, Venedig und Neapel ausgebildet, wurde er 1710 noch von Friedrichs Großvater als Hofmaler nach Berlin geholt. Hier porträtierte er die königliche Familie (auch Friedrich als Kleinkind), malte aber auch Bilder von Tänzerinnen und Schauspielerinnen.

Als 1713 der „Soldatenkönig" den Preußenthron bestieg, gehörte auch Pesne zu den Leidtragenden. Aufträge wurden weniger, das Einkommen sank. Da kam die Einladung nach Rheinsberg gerade recht. Für den 29 Jahre jüngeren Kronprinzen war Pesne nicht nur ein Künstler, sondern auch Vertreter des geliebten Frankreich. Im Rheinsberger Schloss schuf Pesne Deckenfresken und mehrere Porträts, unter anderem von seinem Freund Georg Wenzeslaus von Knobensdorff, dem Architekten.

Der 1699 geborene Knobelsdorff quittierte im Alter von 29 Jahren den Militärdienst und schlug – seinen Neigungen entsprechend – eine Laufbahn als vielseitiger Künstler ein. Lehrmeister war kein Geringerer als Antoine Pesne. Beim Malen von Bauwerken kam Knobelsdorff mit der Architektur in Berührung und eignete sich im Selbststudium grundlegende Kenntnisse als Architekt an. Bereits 1732, Friedrich lebte zu dieser Zeit noch in Neuruppin, stieß er auf den Kronprinzen. Der Apollo-Tempel im dortigen Almathea-Garten war sein erstes Bauwerk. Immer anspruchsvoller wurden die Aufgaben: der Umbau von Schloss Rheinsberg, der Anbau eines neuen Flügels an das Schloss Charlottenburg, die königliche Oper Unter den Linden, der Umbau des Potsdamer Stadtschlosses, der Bau

von Schloss Sanssouci. Trotz bedeutender Vorbilder, vor allem unter den Baumeistern der italienischen Hochrenaissance, versuchte er stets einen eigenen Stil durchzusetzen. Das war Anlass für Auseinandersetzungen mit dem König, die schließlich zum Zerwürfnis führten.

Knobelsdorff starb 1753, Pesne 1757. Beide wurden nebeneinander in der Gruft des Deutschen Doms beigesetzt. Umbauarbeiten am Dom führten allerdings dazu, dass die Särge der beiden auf den Friedhof am Hallischen Tor umgebettet wurden. Die Gräber wurden im 2. Weltkrieg bei einem Luftangriff zerstört. Ein Berliner Ehrengrab und ein Grabstein mit den Namen beider Künstler erinnert an sie.

WER WAR EIGENTLICH PRINZ HEINRICH?

Friedrich Heinrich Ludwig von Preußen lebte von 1726 bis 1802. Er war das 13. Kind des „Soldatenkönigs" Friedrich Wilhelm I. und seiner Gattin Sophie Dorothea. Zeit seines Lebens stand er im Schatten des 14 Jahre älteren Bruders Friedrich, genannt „der Große". Obwohl viele meinten, er sei an Geisteskräften und Charakterstärke dem ältesten Bruder überlegen, konnte er sich niemals Hoffnung machen, den preußischen Thron zu besteigen. Auch sein Streben, eine Krone außerhalb Preußens zu übernehmen, scheiterte. Zweimal wurde ihm die polnische Krone angetragen, und nur die Intervention des Bruders verhinderte das. Auch war er eine Option als König der USA für den Fall, die Gründungsväter der Vereinigten Staaten hätten sich für eine Monarchie entschieden. Dass er dafür ins Gespräch kam, mochte seinen liberalen Ansichten geschuldet sein. Er war aktives Mitglied bei den Freimaurern, auch hatte er keine Probleme mit der französischen Revolution. Bei den Berliner Hofschranzen hieß er der „Jakobiner". Trotz großer politischer und militärischer Erfahrungen wollten weder der Bruder noch dessen Nachfolger seinen Rat hören. So wurde der Aufenthalt in Rheinsberg immer mehr zum inneren Exil.

Zwar machte Heinrich seine gesamte politische und militärische Karriere im Dienste seines Bruders und führte zeitlebens eine lebendige Korrespondenz mit ihm, teilte aber nur selten seine Meinung. Beide waren in ihren Anschauungen, vor allem aber in ihrer Vorgehensweise sehr unterschiedlich. Während der Ältere – bildlich gesprochen – in schwierigen Situationen mit dem Kopf durch die Wand ging, versuchte der Jüngere, den geöffneten Spalt der Tür zu finden. Im Krieg war seine Taktik eher defensiv angelegt. Im Gegensatz zum Bruder, der ob seiner Kaltblütigkeit „der Große" genannt wurde, vermied Heinrich Schlachten mit zweifelhaftem Ausgang, er schonte das Leben seiner Soldaten – und hatte Erfolg mit seiner Strategie. Der Bruder attestierte ihm, er habe im Krieg niemals Fehler gemacht. Im Übrigen hat der ältere Bruder als Oberhaupt der Familie den jüngeren kaum anders behandelt, als er

es vom verhassten Vater erlebt hatte: Er nötigte ihn zu einer Zwangsheirat und gab Anlass, von Heinrich als „die gemeinste Bestie, die Europa hervorgebracht hat", „unser Wüterich" und ähnlich beschimpft zu werden.

Seine Grabstätte hat Prinz Heinrich selbst entworfen. Sie befindet sich ein paar Schritte vom Schloss entfernt im Park. Sie hat die Form einer Pyramide mit abgebrochener Spitze und trägt auf einer Bronzetafel eine Inschrift in französischer Sprache. Die endet mit den Worten: „Lob oder Tadel berühren den nicht mehr, der in der Ewigkeit ruht. Aber die süße Hoffnung verschönt die letzten Augenblicke dessen, der seine Pflichten erfüllte... Sie begleitet mich im Sterben."

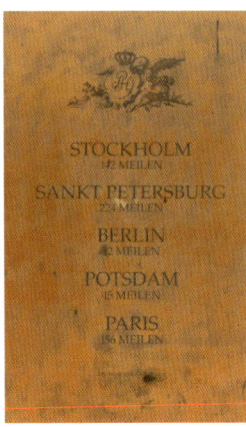

Berlin, Potsdam, St. Petersburg, Paris, Stockholm – alles Reiseziele von Prinz Heinrich – in der Entfernungsangabe in preußischen Meilen – auf einer Distanzsäule am Triangelplatz

Schlosstheater Rheinsberg

Ein Refugium für den Bruder

Trotz Kronprinzenhof: Seine wirkliche Blüte erlebte Schloss Rheinsberg, nachdem Friedrich dort ausgezogen war. Sein 14 Jahre jüngeren Bruder Heinrich übernahm das Schloss 1752 und lebte dort fünfzig Jahre lang bis zu seinem Tod 1802 – allerdings mit Unterbrechungen während der Feldzüge des Siebenjährigen Krieges und der zahlreichen diplomatischen Reisen. 1786 kam es noch einmal zu einer regen Bautätigkeit, an der der spätere Erbauer des Brandenburger Tores in Berlin, Carl Gotthard Langhans, wesentlich beteiligt war. In jenen Jahren wurde Rheinsberg zu einem Anziehungspunkt für die feine Gesellschaft aus ganz Europa. Hier zeigte sich, was Mode war, in Literatur, Musik, Theater. Mittendrin Prinz Heinrich als Impressario eines galanten Hofes. Das Schloss und vor allem der Park, so, wie wir sie heute erleben können, haben in dieser Zeit ihre Vollendung erfahren.

Die Französische Revolution spielte dabei eine wichtige, vielleicht sogar entscheidende Rolle. Denn noch wenige Wochen vor dem Sturm auf die Bastille am 14. Juli 1789 hielt sich Prinz Heinrich in Paris auf, um sich in der Nähe der französischen Hauptstadt nach einem Alterssitz umzusehen. Wäre nicht die Revolution dazwischen gekommen, hätte der preußische Prinz seine letzten Jahre im Exil verbracht. Er hatte allen Grund,

nach dem Tod des Bruders dem Berliner Hof
gänzlich zu entfliehen. Der Rat des altgedienten
Feldherren und Diplomaten war dort schon
lange nicht mehr gefragt, es behagte ihm nicht,
den Staat in den Abgrund taumeln zu sehen.
Freunde in Paris drängten Heinrich allerdings
zur rechtzeitigen Umkehr. So wurde Rheinsberg
nun endgültig zum Refugium des Prinzen. In den
folgenden Jahren nahm er Revolutionsflüchtlinge
auf, die als Adlige in Frankreich ihres Lebens nicht
mehr sicher waren. Einige von ihnen kannte
er bereits aus den Pariser Salons. Sie brachten
Lebensart mit und hatten Musiker und Schauspieler im Gefolge. So brach jetzt erst recht die
Zeit der Theateraufführungen, der Opern und
Konzerte in Rheinsberg an. Der Tod im Jahr
1802 bewahrte Heinrich davor, die Niederlage
Preußens gegen Napoleon miterleben zu müssen.

Rheinsberg in der Literatur

Nach dem Tod von Prinz Heinrich erbte der
jüngere Bruder Ferdinand das Anwesen. Der hatte
offenbar mit dem Schloss Friedrichsfelde (heute im
Tierpark Berlin) und dem Schloss Bellevue (heute
Sitz des Bundespräsidenten) bereits ausreichend
Quartiere. So wurden die meisten Einrichtungsgegenstände aus Schloss Rheinsberg in andere Hohen-
zollernschlösser gebracht oder verkauft. Der museale
Wert des Schlosses schwand.

Türschmuck im Rokoko-Stil

Theodor Fontane, der seit 1853 Rheinsberg
mehrmals besuchte, fand das Schloss in einem
Dornröschenschlaf vor und bemühte sich in seinen
„Wanderungen durch die Mark Brandenburg", es dem
Vergessen zu entreißen. Er musste vermerken, dass
sich „die Dinge sehr zum Schlimmeren" veränderten.
In einigen der historischen Räume, so schrieb er, logie-
ren „die Hausministerialbeamten, die hier gelegentlich
eintreffen, um nach dem Rechten zu sehen". Und er
bedauerte sehr, dass sich das Interesse der Besucher
sehr einseitig auf den Kronprinzen richtete. Prinz
Heinrich habe es verdient, aus dem Schatten seines
Bruders hervorgeholt zu werden. Fontane beschrieb die
Hinterlassenschaften des Prinzen Heinrich in Rheinsberg ausführlich. Eine große Ausstellung zu Ehren des
200. Todestages von Prinz Heinrich hat das 150 Jahre
später, im Jahr 2002, weitergeführt.

Als **Kurt Tucholsky** mit Else Weil im August 1911
Rheinsberg besuchte, war sie eine 22-jährige Studentin
der Medizin, er war 21 Jahre alt und plante gerade
eine Reise nach Prag zu Franz Kafka. Das Schloss war
noch im Besitz der Hohenzollern. Wie damals üblich,

In seinen „Wanderungen
durch die Mark Branden-
burg", deren fünf Bände
zwischen 1862 und 1889
erschienen, widmet sich
Theodor Fontane im ersten
Band der „Grafschaft
Ruppin". Das Schloss Rheinsberg beschreibt er darin
detailliert. Die Erlebnisse
seiner „Wanderungen", die
meist mit der Bahn und der
Kutsche erfolgten, dienten
als Grundlage für spätere
Romane.

1967 wurde „Rheinsberg" verfilmt mit Cornelia Froboess und Christian Wolff in den Hauptrollen. Der Film konnte allerdings nicht am Originalschauplatz gedreht werden. Das Herrenhaus des Gutes Panker in Schleswig-Holstein „doubelte" das Schloss Rheinsberg.

M Kurt Tucholsky
Literaturmuseum
Schloss 1, Marstall
16831 Rheinsberg
Tel. 033931 39007
www.tucholsky-museum.de

wurden beide vom Kastellan durch das Schloss geführt. Viel Ehrfurcht zeigten die beiden, in der Erzählung Cläre und Wölfchen genannt, allerdings nicht. Ein Jahr später veröffentlichte Tucholsky „Rheinsberg. Ein Bilderbuch für Verliebte". Das Buch wurde vor allem wegen der damals noch ungewohnten leicht-frivolen Sprache ein großer Erfolg, Tucholsky erlangte Berühmtheit.

Verfall und Sanierung

Rheinsberg gehörte – wie z.B. Schloss Cecilienhof in Potsdam – zu den Anwesen, die die Hohenzollern nach der Abdankung des Kaisers 1918 behalten durften. Erst nach dem Ende des Zweiten Weltkrieges kam es zur völligen Enteignung. Das Schloss diente bis Anfang der 1990er Jahre als Heilstätte für Diabetiker. Die Räume wurden dem neuen Zweck entsprechend umgebaut.

Nach der Wende wurden Schloss und Park unter die Regie der Stiftung Preußische Schlösser und Gärten Berlin-Brandenburg gestellt. Sie übernahm die Aufgabe, das Schloss so gut es nur ging in den ursprünglichen Zustand zu versetzen und museal zu erschließen.

LESEPROBE: KURT TUCHOLSKY, RHEINSBERG. EIN BILDERBUCH FÜR VERLIEBTE

Das Schloß! – Das Schloß mußte besichtigt werden. Man schritt hallend in den Hof und zog an einer Messingstange mit weißem Porzellangriff. Eine kleine Glocke schepperte. Ein Fenster klappte: „Gleich!" – Eine Tür oberhalb der kleinen Stiege öffnete sich, und es kam nichts, und dann tappte es, und dann schob sich der massige Kastellan in den Hof. Als er der Herrschaften ansichtig wurde, tat er etwas Überraschendes. Er stellte sich vor. „Mein Name ist Herr Adler. Ich bin hier der Kastellan." Hier ... sei der Gemäldesaal. Die Bilder habe der berühmte Kunstmaler Pesne gemalen, und die Bilder seien so vorzüglich gemalen, daß sie den geehrten Besucher überall hin mit den Augen folgten. Man solle nur einmal die Probe machen! Sie dankten. Herr Adler ... verfiel plötzlich in abruptes Schweigen. Und erst nachdem das Trinkgeld in seiner Hand klingelte, blickte er zum Fenster hinaus und sagte, ein wenig geistesabwesend: „Dies ist ein ehrwürdiges Schloß. Sie werden die Erinnerung daran Ihr ganzes Leben bewahren."

Im Tucholsky-Literaturmuseum ist auch zu sehen, wie Claire und Wölfchen 1911 vielleicht gekleidet waren.

Das Schlossinnere während der Restaurierung (2011)

Das Schlossmuseum öffnete bereits 1991, es dauerte allerdings noch über zehn Jahre, bis die Räume des Schlossparterres zugänglich gemacht werden konnten, und noch einmal zehn Jahre, bis sich auch der Spiegelsaal den Besuchern in voller Pracht präsentierte. Einrichtungsgegenstände mussten jedoch aus anderen Schlössern herbeigeschafft werden. Es gelang, die originalen Raumdekorationen aus der friderizianischen Zeit sowie die unter Prinz Heinrich geschaffenen frühklassizistischen Raumgestaltungen zurückzugewinnen.

Ein Rundgang durch das Schloss

Es ist erstaunlich, was Schloss Rheinsberg heute den Besuchern zu bieten hat: die Kronprinzen- und Prinz-Heinrich-Wohnung, die Amalien-Wohnung und die Ferdinands-Wohnung. Wobei die beiden letztgenannten Geschwister von Kronprinz Friedrich und Prinz Heinrich gern und häufig nach Rheinsberg zu Besuch kamen. Höhepunkt des Rundgangs ist der Spiegelsaal mit Pesnes berühmtem Deckengemälde. Dieser Prunksaal ist heute eine Spielstätte der Musikakademie Rheinsberg. Der Hauch der Geschichte ist am ehesten im Turmkabinett zu spüren. Hier verfasste der junge Friedrich seinen ersten Brief an Voltaire, hier schrieb er an seinem ersten politischen Buch. In dieses Zimmer hat Pesne ein Bildnis der Minerva, der Beschützerin der Künste und der Wissenschaft, gezaubert. Allein die Namen weiterer Räume lassen erahnen, was die staunenden Besucher erwartet: das Baccus-Kabinett, das Lack-Kabinett im chinesischen Stil, der Rittersaal mit einem militärischen Gepräge, die Bildergalerie. das Audienzzimmer …

Literaturtipp: Eine Kurzbeschreibung der museal zugänglichen Räume des Schlosses enthalten in: „Rheinsberg – Wo der Alte Fritz als Kronprinz glückliche Jahre verlebte", erschienen in der Edition Rieger

131

Der Schlosspark

Durch den Säulengang hindurch verlassen wir das Schloss und betreten das Gartenparterre. Hier herrschen Symmetrie, schnurgerade Wege, Marmorstatuen – dargestellt sind der Göttersohn Apollo und die vier Jahreszeiten – und sauber beschnittene Buchsbaumhecken empfangen uns, dazu überdimensionale Blumenkörbe mit Blüten der Saison. Nichts stört wirklich den Blick über den See zum Obelisken auf der anderen Seite. Rheinsberg braucht keine künstlichen Wasserspiele, um seine Wirkung zu entfalten. Seitlich führt die Billard-Brücke über den hier kanalisierten Rhin in ein weiteres Gartenstück nach dem Geschmack des Rokoko.

Eine von 50 Zitrusbäumchen gebildete Allee führt in der Hauptachse des barocken Gartens in das von zwei Sphinxen bewachte Orangerieparterre und weiter geradewegs zum Gartenportal. Es ist das Muster für ein sehr ähnliches Hauptportal zum Park Sanssouci.

Marmorstatuen auf dem Gartenparterre

Gestutzte Hainbuchen, Laubengänge, Sphinxen
am Weg – wir kennen das alles auch aus dem Park
Sanssouci. In diesem Gartenbereich befinden sich das
berühmte Rheinsberger Heckentheater und die Grabstätte von Prinz Heinrich.

Vom Garten zum Landschaftspark
Im angrenzenden Park finden wir all jene Ingredienzen
wieder, die wir von künstlerischen Parkgestaltungen
kennen: Rondelle, der Pavillon, auf den aus allen Him-
melsrichtungen Wege zulaufen, Skulpturen, Vasen,
Urnen, eine Grotte (hier sogar zwei) und Erinnerungs-
stätten in Form einer Katakombe und einer abgebro-
chenen Säule. Der Prinz verfasste dafür entsprechende
Inschriften.

„Sentimentaler Landschaftspark" nennt sich diese
Mode aus den letzten Jahrzehnten des 18. Jahrhunderts.
Natur, versehen mit viel dekorativem Zierrat. Goethe
konnte sich über diese Art der übersteigerten Gar-
tengestaltung kräftig mokieren. Aber Prinz Heinrich
dachte auch weiter. Er ließ seinen Park in die offene
Landschaft übergehen. Wer das Gesamtkunstwerk
erleben will, muss auf dem „Poetensteig" den Grienericksee umrunden, im Boberow-Wald umherstreifen
und vielleicht sogar der Remusinsel im Rheinsberger
See einen Besuch abstatten. Denn all das gehörte einst
zum 300 Hektar großen Rheinsberger Gartenreich.
Sein Geheimnis: Immer, wenn etwas Neues hinzukam,
blieb Altes bestehen. Der Rheinsberger Schlosspark
beeindruckt daher durch die Vielfalt der gärtnerischen
Gestaltungsformen.

*Der runde Pavillon im Rheins-
berger Schlosspark ist ein
beliebter Anziehungspunkt für
Musiker. Flötenspieler, Violin-
virtuosen oder Leierkastenmän-
ner geben hier Proben ihres
Könnens.*

*Kleinarchitekturen im
Schlossgarten Rheinsberg*

Ein Obelisk der Erinnerung

Auf eine der Parkarchitekturen sei allerdings noch speziell eingegangen – auf den Obelisk genau gegenüber dem Schloss. Ein Blickfang gehörte in der Zeit des Absolutismus zu jedem besseren Residenzschloss. Sanssouci hatte seinen Ruinenberg, Rheinsberg bekam 1791 den Obelisk.

Er ist allerdings kein inhaltsleerer Zierrat. In ihm drückt sich die große Bitternis aus, die Heinrich seinem Bruder Friedrich gegenüber auch lange nach dessen Tod empfand. Gewidmet ist die Erinnerungssäule den „vergessenen Helden" des Siebenjährigen Krieges. Fontane bezeichnete diesen Obelisk als „die vielleicht größte Sehenswürdigkeit Rheinsbergs". Denn Heinrich wollte nicht nur seinen Bruder Friedrich Wilhelm, der 1744 als Thronfolger des kinderlosen Friedrich bestimmt worden war, nach taktischen Fehlern als General im Siebenjährigen Krieg unehrenhaft aus der Armee verstoßen wurde und mit nur 36 Jahren kurz darauf auf Schloss Oranienburg verstarb, vor dem Vergessen bewahren. Die Ehrung gilt auch weiteren hohen Offizieren. Der Sockel des Obelisken ist mit

Der Obelisk wurde am 4. Juli 1791 mit einem riesigen Fest eingeweiht. Eingeladen waren Kriegsveteranen aus ganz Preußen, aber auch die Bewohner des Ruppiner Landes.

Blick vom Schloss über den See zum Obelisk

28 Medaillons besetzt, die an jeweils ein Schicksal in dem mörderischen Krieg erinnern. Da werden Feldherren genannt, die durch Fehlentscheidungen Friedrichs den Tod fanden, und andere, die in den Memoiren des Königs totgeschwiegen wurden. Nicht genannt werden jene, die der König den in Augen Heinrichs ungerechtfertig hochleben ließ, und nicht genannt wird vor allem der König und oberste Heerführer selbst.

Der Text für General von Zieten lautet in der Übersetzung Fontanes so: „General von Zieten erreichte ein ebenso glückliches wie ehrenvolles Alter. Er siegte in jedem Gefachte. Sein kriegerischer Scharfblick, vereinigt mit einer heroischen Tapferkeit, sicherte ihm den glücklichen Ausgang jedes Kampfes. Aber was ihn über alles erhob, waren seine Redlichkeit, seine Uneigennützigkeit und seine Verachtung aller derer, welche auf Kosten der unterdrückten Völker sich bereicherten." Der letzte Satz: ebenfalls ein Seitenhieb auf Bruder Friedrich.

Rheinsberg und die Musik

Direkt in der Nachbarschaft des Schlosses ließ Kronprinz Friedrich ein Kavalierhaus errichten, das beinahe die Ausmaße des Schlosses erreichte. Er benötigte es vor allem als standesgemäßes Quartier für seine vielen Besucher. Unter Prinz Heinrich wurde in Rheinsberg dieser sich nördlich an das Schlossareal anschließende Komplex noch erweitert. Seit 1774 unterhielt er dort ein „Komödienhaus" – ein Theater mit all den technischen Einrichtungen für die Kulissen, die damals dazugehörten. Es wurde als Spielstätte für Schauspiel und Oper genutzt. Heinrich unterhielt dafür ein kleines, aber feines Ensemble. Mit dem Tod des Prinzen starb auch der Theaterbetrieb. Das Gebäude stand leer und verfiel schließlich bis auf die Grundmauern.

Als Anfang der 1990er Jahre klar war, dass Schloss Rheinsberg für eine museale Nutzung restauriert und auch der Park möglichst originalgetreu wiederhergestellt werden, schlug die Stunde für die Wiederbelebung des Musenhofes. 1990 wurde die **Kammeroper** und 1991 die **Musikakademie Rheinsberg** gegründet. Beide Institutionen zogen in das Kavalierhaus ein und nutzten die Theaterruine für Opernaufführungen und Konzerte. Damit rückte das Theater wieder in das öffentliche Bewusstsein.

Erinnerungstafel für Heinrichs Bruder Prinz August Wilhelm (1722–1758)

Gala-Abend im Schlosshof Rheinsberg, im Hintergrund der Grienericksee

Im Schlossgarten Rheinsberg

Mit Beginn des neuen Jahrtausends war es dann so weit: Rheinsberg hatte wieder sein Theater. In den historischen Außenmauern erwartet die Besucher ein moderner, funktionaler Theatersaal. Hubpodien ermöglichen eine variable Gestaltung des Saales. Seither entwickelt sich das Schlosstheater zum gesellschaftlichen Zentrum der Region und zieht Publikum aus ganz Europa an.

2014 fusionierten die Kammeroper Schloss Rheinsberg und die Musikakademie Rheinsberg zur **Musikkultur Rheinsberg gGmbH**. Hauptaufgaben der Gesellschaft sind die Erhaltung und Weiterentwicklung der künstlerischen Profile der Kammeroper Schloss Rheinsberg als Internationales Festival junger Opernsänger, der Musikakademie Rheinsberg als Ausbildungsstätte für professionelle und Laienmusikerinnen und –musiker und des Schlosstheaters Rheinsberg.

Das Schlosstheater wird als eigenständiger Veranstaltungsraum für die unterschiedlichsten Veranstaltungsformate wie Musiktheateraufführungen, Konzerte, Kinovorstellungen, Konferenzen, Seminare und Festlichkeiten genutzt.

Die Musikakademie Rheinsberg wurde 2001 zur Bundes- und Landesakademie ernannt. Als Arbeits-, Fortbildungs- und Begegnungsstätte lädt sie zu Meisterkursen, Musikwerkstätten sowie zu wissenschaftlichen Kolloquien zu aktuellen, musikbezogenen Themen ein.

Die Kammeroper Rheinsberg

Die Kammeroper Schloss Rheinsberg wurde 1990 von dem Komponisten Siegfried Matthus gegründet. Der Meisterschüler von Hanns Eisler ist seit 1960 freischaffend tätig und hat ein umfangreiches Oeuvre – von der Kammermusik bis zur Oper – geschaffen. Bereits als Dramaturg an der Komischen Oper Berlin hat er ideenreich dazu beigetragen, moderne Klassik dem Publikum nahezubringen. 2014 hat Frank Matthus, der Sohn des Gründers, die künstlerische Leitung der Kammeroper Rheinsberg übernommen.

Zwischen Ende Juni bis Mitte August jeden Jahres folgen angehende Opernsänger dem Ruf nach Rheinsberg. Es sind die Preisträger des Internationalen Gesangswettbewerbs der Kammeroper, der jeweils zum Jahresbeginn dem Sommerfestival vorausgeht. Die preisgekrönten Sängerinnen und Sänger aus aller Welt bezaubern das Publikum mit ihren jungen Stimmen bei Gala-Abenden im Schlosshof, bei den Opernaufführungen im Heckentheater des Schlossparks und im Schlosstheater sowie bei Konzerten u.a. im Spiegelsaal des Schlosses.

Seit 2015 steht jährlich eine Uraufführung auf dem Spielplan. Das Festival versteht sich auch als Karrieresprungbrett. Denn heute begegnet man auf allen großen Bühnen der Welt Sängern, deren erfolgreiche Bühnenlaufbahn in Rheinsberg begann.

Opernaufführung im Heckentheater

Kammeroper Schloss Rheinsberg
Markt 12
16831 Rheinsberg
www.kammeroper-schloss-rheinsberg.de

Karten bei der Tourist-Information Rheinsberg
Mühlenstraße 15 A
Remise am Schloss
16831 Rheinsberg
Tel. 033931 34940

Übrigens: Sollte das Wetter einmal nicht mitspielen, fallen die Open-Air-Veranstaltungen nicht aus, denn man zieht dann in die Siegfried-Matthus-Arena im Hafendorf Rheinsberg um.

Map

Richtung Zechlinerhütte

Hafendorf Rheinsberg ca. 1,2 km

Grienericksee

M.-v.-Henning-Str.

Am Wald

Sonnenweg

Feldstr.

Rheinsberg

Poststr.

Königstr.

Paulshorster Str.

P

Richtung Neuglobsow Fürstenberg (Havel)

Menzer Str.

Anlegestelle Fahrgastschifffahrt

Seestr.

P

St. Laurentius

M **Keramikmuseum**

Markt

Schlosstheater

Schloss Rheinsberg

Denkmal Friedrich II.

Schloßstr.

i

Schloßstr.

Karlstr.

• **Obelisk**

Lange Str.

Gartenstr.

Rhin

Rhin-passage

Rhinstr.

Auguststr.

Keramik Haus

Carsten-Keramik

P

Berliner Str.

Schlosspark Rheinsberg

Fontanepromenade

Fontane-platz

Schwanower Str.

Lindenallee

Bahnhof Rheinsberg (Mark)

Richtung Lindow (Mark) Neuruppin

Richtung Gühlen-Glienicke

Rhin

RB 54

0   200 m

i Tourist-Information
Stadt Rheinsberg
Remise am Schloss
Mühlenstraße 15 A
16831 Rheinsberg
Tel. 033931 34940
www.rheinsberg.de

Reederei Halbeck
Schiffsanleger: Seestraße
16831 Rheinsberg
Tel. 033931 38619
www.schifffahrt-rheinsberg.de

RHEINSBERG, EIN RUNDGANG

Am Schlosstheater beginnt unser kleiner Rundgang durch Rheinsberg. Er führt am Ufer des Grienericksees entlang zur **Seestraße**. Hier bietet sich eine Möglichkeit zur Rast, und das Auge wird durch bunte, lustige Holzfiguren überrascht. Nach so viel Kunst vergangener Epochen erfreut man sich an diesen Spielereien mit Farben und Formen. Jedenfalls erfreuen sich die meisten – manche sehen es als unziemliches Ärgernis. Nur ein paar Schritte sind es von hier zu den Anlegeplätzen für die Fahrgastschiffe der Reederei Halbeck.

Vom Ufer aus gehen wir die Seestraße hinauf ins Stadtinnere. Und wieder gibt es etwas zum Schmunzeln: der „Badebrunnen" von Günter Kaden. Seit dem Jahr 2000 versucht der kleine Frechdachs, seiner Schwester ins Gesicht zu spucken. Gelungen ist es zum Glück noch nicht.

Wir befinden uns auf der **Königstraße**, die direkt auf den seitlichen Schlosseingang zuläuft. Sie wurde nach dem großen Stadtbrand von 1740 im Stil einer barocken Schlossfreiheit angelegt. Von hier aus verlaufen die Straßen in elf gleichmäßigen Karrees. Eine

Stadt nach Plan. Wir passieren typische preußische Traufenhäuser, geplant von Knobelsdorff, der 1740 den Auftrag hatte, Rheinsberg nach einem Stadtbrand wiedererstehen zu lassen.

Am Denkmal für Friedrich II. angekommen, sind es nur ein paar Schritte bis zur Rheinsberger Tourist-Information. In einer ehemaligen zum Schlosskomplex gehörenden Remise ist Raum für Servicetresen, Verkaufsvitrinen und für wechselnde Ausstellungen.

Wir wenden uns in Richtung Innenstadt. Auf dem Triangelplatz steht eine Distanzsäule, die in preußischen Meilen die Entfernung zu Orten angibt, die im Leben von Prinz Heinrich eine wichtige Rolle gespielt haben.

Nun betreten wir die **Schlossstraße**, Rheinsbergs Haupt- und Geschäftsstraße. Neben den in derartigen Straßen üblichen Geschäften gibt es hier kleine Boutiquen und diese und jene Galerie, die sich mitunter in lauschigen Höfen verstecken. Hier sind auch die ersten Adressen in Sachen Gastronomie versammelt. Gleich am Beginn der Straße der „Ratskeller", in dem bereits Fontane speiste und auf dessen Speisekarte permanent sein Lieblingsgericht steht: „Altenburgischer Schmorbraten in Ingwersoße". In der Schlossstraße 11 befindet sich Rheinsbergs Traditionslokal, das Restaurant „Zum Alten Fritz". Auf den Tisch kommen fast nur frische Produkte aus der Region.

Der Markt

Gleich am Beginn der Schlossstraße befindet sich der **Kirchplatz**. Er bietet viel Platz für den Wochenmarkt, vor allem für den jährlich Mitte Oktober stattfindenden Töpfermarkt. Rund 90 Kunstkeramiker aus ganz

An der Königstraße
In der Schlossstraße

Holzfiguren am Schlosstheater, direkt neben der Anlegestelle der Fahrgastschifffahrt

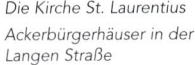

Die Kirche St. Laurentius
Ackerbürgerhäuser in der
Langen Straße

Die Kirche ist zu Gottes-
diensten, Kirchen- und
Orgelführungen und bei
Kirchenmusiken geöffnet.

Rheinsberg ist Mit-
glied der Arbeitsgemein-
schaft „Städte mit histo-
rischen Stadtkernen" des
Landes Brandenburg.

Deutschland und sogar aus anderen europäischen
Ländern präsentieren hier ihre Kreationen. 25.000
Besucher strömen dann nach Rheinsberg. Sie haben
die Auswahl zwischen Gebrauchsgeschirr, künstle-
rischen Einzelstücken und ausgefallenem Schmuck.
Ein ähnliches Markttreiben rund um den gebrannten
Ton ist einmalig in ganz Norddeutschland.

Am Rand des Marktes, in der einstigen Rheinsberger Feuerwache, hat sich ein Keramik-Museum niedergelassen. Es zeigt die Entwicklung der Rheinsberger
Keramik-Industrie von der Fayencen-Manufaktur
zur Zeit des Prinzen Heinrich bis zur industriellen
Geschirr-Fertigung, die mit der „Rheinsberger Teekanne" ihren Höhepunkt erlebt hat.

Den Abschluss des Marktes bildet die **Kirche St. Laurentius**. Sie ist keine Schönheit. Wuchtig das Langhaus,
klein dagegen der Turm, so gut wie kein Schmuck.
Und trotzdem ist dieser Bau bemerkenswert. Er fügt
sich nicht in das gleichmäßige Raster der Rheinsberger
Altstadthäuser ein. Der Grund: Die Kirche hat den
Stadtbrand von 1740 überstanden und ist viel älter als
die Nachbarhäuser. Sie geht auf das Jahr 1250 zurück.
Unter dem Putz des Kirchengebäudes verbergen sich
alte Feldsteingemäuer. An der Nordseite ist davon etwas
zu sehen.

Die weitgehend original erhaltene Inneneinrichtung
führt uns ins 16. Jahrhundert, die Zeit der Renaissance.

Damals herrschte die weitverzweigte Adelsfamilie von Bredow. Ein Spross der Familie hat sich sogar in das Altarbild, das das Heilige Abendmahl darstellt, geschlichen. Auch die Kanzel und der Taufstein gehen auf die von Bredows zurück. Sie haben die Gruft unter der Kirche als Begräbnisstätte genutzt.

Auf der Galerie im Inneren zeigt sich eine weitere Besonderheit dieser Kirche: Sie besitzt zwei Orgeln. Eine aus dem Jahr 1767, die andere aus dem Jahr 1994. Es gibt kaum noch einmal eine Kirche, in der man den Klang einer alten und einer zeitgenössischen Orgel erleben kann. So ist es kein Wunder, dass die Kirchengemeinde eng mit der Musikakademie und der Kammeroper Rheinsberg zusammenarbeitet.

Badebrunnen in der Königstraße

Von der Schlossstraße zweigt die Lange Straße ab. Sie ist tatsächlich die längste Straße durch die nach einheitlichem Plan in den Jahren nach 1740 wieder-aufgebaute Altstadt von Rheinsberg. Hier zeigt sich, dass die Häuser je nach Finanzlage der Besitzer wieder-aufgebaut wurden. Die Einheitlichkeit, wie sie für die langen Giebelreihen in Potsdam typisch ist, findet sich in Rheinsberg nicht. Am Ende der Straße erwartet uns die **Rhinpassage**.

WAS HAT ES MIT DEM MÖSKE-FEST AUF SICH?

Waldmeister

Am Himmelfahrtstag findet alljährlich ein Fest statt, das es nur in Rheinsberg gibt: das Möske-Fest. Möske, so heißt hier der Waldmeister, jene wohlriechende Pflanze aus der Gattung der Labkräuter. Schon im Mittelalter zogen die Kinder in den Boberow-Wald, um „Möske" zu pflücken und damit die Kirche und sich selbst für den Gottesdienst zu schmücken. Eines Tages wandelte es allerdings seinen Charakter.

„Es hatte seit Himmelfahrt 1757, wo in das Fest die Siegesnachricht von Prag hineinplatzte, soldatischen Anstrich. Aus dem Felde zurückgekehrt, stiftete der Sieger von Prag (Prinz Heinrich, d.V.), Uniformen aus dem Kadettenhaus dafür, ein Legat von ein paar hundert Talern sicherte dem Fest außerdem „auf ewige Zeiten" Fahnen und Musikinstrumente. Der Möske-Garde anzugehören, ist der höchste Ehrgeiz jedes Jungen in Rheinsberg gewesen..." (Aus Luwig Sternaux, Mein kleines Sanssouci. Schloss Rheinsberg und seine Erinnerungen, Potsdam 1936)

Das Soldatenspiel hielt sich bis ins 20 Jahrhundert. Die Nazis nutzten es für ihre Propaganda, nach dem Krieg verschwand die Feier. Anfang der 90er-Jahre holten Mitglieder der evangelischen Kirchengemeinde das ursprünglich kirchliche Fest ins Gedächtnis der Rheinsberger zurück. Seitdem gehen die Kinder wieder Jahr für Jahr am Himmelfahrtstag in den Wald, um Möske zu pflücken.

Rhinpassage

Rheinsberg und Keramik

Ist von Rheinsberg die Rede, kommt spätestens im zweiten Satz die Keramik ins Spiel. Seit über 250 Jahren ist sie mit der Geschichte der Stadt verknüpft. 1762, der Siebenjährige Krieg stand kurz vor seinem Ende, ließ Prinz Heinrich eine Fayencen-Manufaktur in Rheinsberg gründen. Er hatte die Porzellanmanufaktur im sächsischen Meißen kennengelernt und mitbekommen, dass sein königlicher Bruder mithilfe Meißner Spezialisten auch in Berlin eine entsprechende Produktionsstätte für edles Geschirr initiiert hatte, so regte sich auch bei ihm der Ehrgeiz.

Rheinsberger Teekanne, von Künstlerhand verziert

Die Fayence erreichte zwar nicht die hohe Qualität des Porzellans, war aber höherwertig als das Steingut. Bisher mussten Fayencen teuer in Holland oder Belgien eingekauft werden. Mit einer Manufaktur vor der Haustür ließ sich viel Geld sparen, zumal es bald gelang, Rheinsberger Fayence-Produkte auch beim russischen Zarenhof abzusetzen.

Während das „unechte Porzellan" im Lauf der Jahre aus der Mode kam, konnte sich die bodenständige Keramik bis in unsere Zeit behaupten. Die aus DDR-Wohnstuben nicht wegzudenkende braune Teekanne war eins der Produkte, mit denen sich Rheinsberger Keramik einen Namen machte. Zwei Unternehmen sind auf diesem Gebiet in Rheinsberg noch heute tätig: Carstens-Keramik und die Keramik Manufaktur Dornbusch.

Die Lange Straße führt direkt auf die Produktionsstätte von Carstens-Keramik zu. Hier hat sich in den vergangenen Jahren die Rhinpassage etabliert, eine kleine Einkaufsmeile, die – ohne Verkehrslärm – eine angenehme Ergänzung zur Schlossstraße ist. Gleich am Anfang das Keramik Haus Rheinsberg, ein ganzjährig geöffneter Töpfermarkt. Die Besucher erwartet hier keine industrielle Massenproduktion, auch wenn hier ein Werksverkauf von Carstens-Keramik stattfindet.

In individuell gestalteten Verkaufsnischen werden Töpferwaren angeboten, die in ihrer Gestaltung sehr unterschiedliche „Handschriften" der Kunsthandwerker und Künstler verraten. Wer hier einkauft, sucht das Besondere, vielleicht das Einmalige. Vom wuchtigen Steinguttopf bis zur filigran bemalten Teekanne finden sich hier alle Nuancen moderner Töpferkunst.

Apropos Teekanne. Bauchig muss sie sein, braun marmoriert mit gelber Musterbordüre. Dann ist sie der Klassiker. Seit mehr als 90 Jahren wird die Kanne so von Carstens-Keramik Rheinsberg hergestellt. Sie ist eine der ältesten heute noch produzierenden Keramik-Manufakturen in Europa. Gerade im Osten Deutschlands war die bauchige Kanne in beinahe jedem Haushalt vertreten.

Die Urform der **„Rheinsberger Teekanne"** haben Künstler aus ganz Europa nun in ihrem ganz eigenen Stil gestaltet. Mal verspielt, mal kraftvoll, mal abstrakt, mal bildlich – es ist ein Wunder, welche Kunstwerke man aus einem Gebrauchsgegenstand zaubern kann. Zu besichtigen sind derzeit 126 individuell gestaltete Kannen von 91 Keramikern in einer Ausstellung des Keramik Hauses Rheinsberg in der Rhinpassage. Inzwischen können es auch mehr sein, denn erst bei 250 Kannen soll die Sammlung enden.

Die 100 schönsten Tassen sollten eigentlich in der Ausstellung verbleiben, trotz hoher Preise wurden sie ein Verkaufsschlager.

M Das Keramikmuseum Rheinsberg am Kirchplatz April bis Okt. Mo–Sa 10–18 Uhr, So 12–16 Uhr, Di geschlossen; Nov. bis März Mi/Do 12–17 Uhr, Sa 10–17 Uhr

Carstens-Keramik Keramik Haus Rheinsberg Rhinstraße 1, Rhinpassage 16831 Rheinsberg täglich 10–18 Uhr www.keramik-haus-rheinsberg.de

Skulptur „Prinzessin"

Eine „Prinzessin" für die Prinzenstadt

Beim Töpfermakt 2014 drehten, bauten auf und bemalten vor den Augen der staunenden Zuschauer fünf Keramiker aus 200 Kilogramm Ton eine 2,40 Meter hohe keramische Skulptur. Es war ein Geschenk an die Organisatoren der Veranstaltung. Nach einem Jahr Trocknungszeit in der Manufaktur Carstens folgte der spektakuläre zweite Teil der Geschichte: In einem speziellen Freibrandofen erhielt die Skulptur während eines 28-stündigen Brennprozesses bei Temperaturen von bis zu 1.200 °C ihre wetterfeste Form. Seit Frühjahr 2016 steht die „Prinzessin" in den Rhinpassagen. So besitzt die „Prinzenstadt" Rheinsberg nun auch eine Prinzessin.

Das Hafendorf Rheinsberg

In östlicher Richtung führt die Königstraße geradewegs ins Rheinsberger Seengebiet. Wo der Grienericksee endet, beginnt der Rheinsberger See. An dessen Ufer ist – zwei Kilometer von Rheinsberg entfernt – in den vergangenen zehn Jahren ein Ort entstanden, der mit dem Begriff „Hafendorf" nur unzureichend beschrieben ist. Es ist ein beeindruckender Yachthafen, eine moderne Marina, aber auch eine Ferienanlage.

Entlang einer Hafenpromenade und auf vier, nur über Fußgängerbrücken erreichbaren Inseln stehen Ferienhäuser im skandinavischen Stil: Reihenhäuser aus Holz, farbkräftig gestrichen und mit Kamin ausgestattet. Über zwei bzw. drei Etagen stehen Wohnungen zwischen 56 und 110 Quadratmetern zur Verfügung. Der Wasserzugang ist in jedem Fall garantiert, und die

Anlagestelle befindet sich vor dem Haus. Wer im eigenen Boot übernachten will, bleibt im Gästehafen. Dort stehen Strom- und Wasseranschlüsse zur Verfügung.

Zum Komplex des Hafendorfes Rheinsberg gehören ferner das Viereinhalb-Sterne-Hotel „Maritim Hafenhotel Rheinsberg" und die Matthus-Arena, eine Mehrzweckhalle, in der die Aufführungen der Kammeroper stattfinden, wenn das Wetter ein Spiel im Heckentheater nicht zulässt. Der 22 Meter hohe Leuchtturm das Hafendorfes ist jetzt das Wahrzeichen der Region.

RHEINSBERGS FERIENDÖRFER

Rheinsberg gehört – gemessen an seiner Fläche – zu den 15 größten Städten in Deutschland. Eine kleinere Ausdehnung haben z.B. München, Leipzig und Dortmund. Allerdings hat das gesamte Rheinsberg nur wenig mehr als 8.000 Einwohner. Die verteilen sich auf 17 Ortsteile, die verstreut in einem ebenso großen wie idyllischen Wald- und Seengebiet liegen. Drei dieser Ortsteile haben den Begriff „Zechlin" im Namen, zwei davon liegen am Großen Zechliner See. Er besitzt wie die meisten Seen im Rheinsberger Seengebiet eine ausgezeichnete Wasserqualität.

Die folgende Tour umrundet das Seengebiet in Uhrzeigerrichtung. Wir verlassen Rheinsberg in Richtung Nordosten, kommen durch Linow und an Kagar vorbei, beides Orte mit Campingplätzen, Badestellen und Ferienzimmern.

Maritim Hafendorf
Rheinsberg
Hafenpromenade 11
Rheinsberg
www.hafendorf-
rheinsberg.de

Boat City
Hafendorf Rheinsberg
Kaistr. 3, 16831 Rheinsberg
Tel. 033931 80545
www.boote-rheinsberg.de
*Kanu, Elektro-, Motorboot
mit und ohne Sportboot-
schein-Binnen, Motoryacht*

Hotel Gutenmorgen in Dorf Zechlin

Hotel Gutenmorgen
Zur Beckersmühle 103
16837 Dorf Zechlin
Tel. 033923 70275
www.hotel-gutenmorgen.de

Fischer in Flecken Zechlin

Dorf Zechlin

Dorf Zechlin ist circa zehn Kilometer von Rheinsberg entfernt. Auch wenn es dörflich geprägt ist, gilt es als Erholungsort. Zu allen Jahreszeiten kommen viele Besucher nach Dorf Zechlin. Die meisten von ihnen sind Patienten der Seeklinik, die sich am Braminsee einer Behandlung unterziehen.

Außerhalb von Dorf Zechlin erwartet das „Hotel Gutenmorgen" gut gelaunte Gäste in einem 3-Sterne-Haus mitten in der Natur. Auch für Radfahrer und Wanderer gibt es das sonntägliche Lunchbüfett.

Am früheren Mühlteich, der mitten durch das Dorf verläuft, steht die ehemalige Wassermühle. Sie ist heute eine rustikale Gaststätte mit einem kleinen Mühlenmuseum. Denn die Mühlentechnik ist noch weitgehend erhalten, als Attraktion wird der Aufzug für Mühlsäcke und Müller vorgeführt. Am Dorfanger zieht die Feldsteinkirche aus dem Jahr 1549 die Blicke auf sich.

Bis 1945 waren Rheinsberg, Dorf Zechlin und Flecken Zechlin mit einer Eisenbahnlinie verbunden, die über Löwenberg Anschluss bis Berlin bot. Auf der 1899 eröffneten „Löwenberg-Lindow-Rheinsberger Eisenbahn" reisten auch „Claire und Wölfchen" in Tucholskys bezaubernder Erzählung aus der Großstadt ins idyllische Rheinsberg. Nach Dorf Zechlin wären sie damals mit der Bahn allerdings nicht gekommen. Die Verlängerung dorthin ging erst 1928 in Betrieb.

Flecken Zechlin

Eine eigene Tourist-Information ist Beleg dafür, dass sich Flecken Zechlin besonders auf Besucher einge-stellt hat. Im ehemaligen Spritzenhaus bekommt der Gast einen Ortsplan sowie Hinweise zum nächsten Badestrand, zum Boots- und Fahrradverleih und zur

passenden Unterkunft. Am Ufer des Großen Zechliner Sees befinden sich zwei Campingplätze, die auch über Rastplätze für Wasserwanderer verfügen.

Der außergewöhnliche Reiz von Flecken Zechlin ergibt sich aus der Lage entlang der Hänge am Schwarzen See. Der erhöhte Ausblick über den Ort hat in Brandenburg Seltenheitswert. Verwinkelte Gassen und Treppen bestimmen das Flair des Ortes. Den Mittelpunkt markieren der schlichte Kirchenbau von 1775 und die über 200 Jahre alte Eiche direkt daneben. Von hier aus fällt der Blick auf ein rund 200 Jahre altes Fachwerkhaus, das unter Denkmalschutz steht.

Am Ende der am Markt beginnenden Amtsstraße steht ein verfallendes Gebäude, dem man seine noble Vergangenheit noch ansieht. Weil im Mittelalter an der Stelle dieses Gebäudes ein Mönchshof der Zisterzienser stand, heißt der Ort heute noch „Kloster". Als das Ruppiner Land im 16. Jahrhundert an die brandenburgischen Kurfürsten fiel, ließ Joachim II. 1548 eine vorhandene Burg zu einem kleinen Residenzschloss ausbauen, in dem sich die Erbprinzen auf ihre Thronbesteigung vorbereiten sollten. Fast einhundert Jahre lang gaben sich in Flecken Zechlin Hohenzollern die Ehre. Noch 1817 feierten hier Prinzessin Charlotte und der russische Großfürst Nikolaus – später Zar Nikolaus I. – Verlobung. Das Haus diente später als Amtshaus für die königliche Domänenverwaltung, dann als Schule und steht nun leer. Die Lage ist exzellent, der Bauzustand schlecht – wer mag hier investieren?

Luhme und Zechlinerhütte
Der Weg nach Zechlinerhütte führt auf hügeliger Straße meist durch dichten Mischwald, hinter dem sich auf der nördlichen Seite der Große Wummsee

Blick auf den Schwarzen See bei Flecken Zechlin

🍴 Mühlenhof
Am Kunkelberg 14
16837 Rheinsberg
OT Dorf Zechlin
Tel. 033923 70267
www.muehlenhof-zechlin.de

ℹ Tourist Information
Rheinsberger Str. 15
16837 Rheinsberg
OT Flecken Zechlin
Tel. 033923 715013
www.fleckenzechlin.de

geöffnet April bis Sept.
Mo–Sa 10–16 Uhr,
So u. Feiertage 10–15 Uhr
Okt. bis März
Mo–Fr 10–16 Uhr

Am Schlabornsee in Zechlinerhütte

Im Sommer lockt das Rosenfest nach Luhme.

Von Luhme aus führen Wanderwege zum Großen Wummsee, zum Twernsee, Rochowsee, Giesenschlagsee und zum Großen Zechliner See.

Alfred Wegener Museum in Zechlinerhütte Anmeldungen für Gruppenführungen (Mo–Fr) unter Tel. 033931 39007 www.alfred-wegener-museum.de

verbirgt. Er gehört zu den saubersten Seen Deutschlands. Noch in zehn Metern Tiefe bekommen hier Wasserpflanzen ausreichend Licht zum Wachsen. Damit es so bleibt, herrscht hier strengster Naturschutz. Sein Nordufer gehört bereits zum Bundesland Mecklenburg-Vorpommern.

In südlicher Richtung führt ein befestigter Waldweg zum Kapellensee mit einer kleinen Badestelle. Eine weitere befindet sich am Ortsrand von **Luhme** am Kleinen Luhmer See. Weiter geht es durch das Seenland – vorbei am schiffbaren Zootzensee zum Schlabornsee. An dessen nordöstlichem Ufer zieht sich **Zechlinerhütte** entlang. Für die Bewohner von „Hütte" ist es einfach der „Hüttensee". Durch ihn fließt der Rhin, und er ist beliebt bei Kanuten, Freizeitkapitänen und Anglern. Die Weiße Flotte Müritz besitzt hier eine Anlegestelle für ihre Schiffe auf der Route zwischen der Müritz und Rheinsberg. Rund um den See führt der Naturerlebnispfad „Zechliner Hütte". Der Ort verfügt über eine Badestelle am Schlabornsee. Zechlinerhütte besitzt dank der Wälder und Seen in der Umgebung das Prädikat „Luftkurort". Hotels und Ferienwohnungen bieten erholsame Unterkunft.

Die „Hütte" im Ortsnamen Zechlinerhütte bezieht sich auf eine Glashütte, die „Weiße Hütte", die hier zwischen 1737 und 1890 bestand. Ihre Spezialität waren anfangs farbige Gläser, speziell Pokale. Hier wurde weitergeführt, was der berühmt Alchemist Johannes Kunckel, der Erfinder des Rubinglases, in Potsdam begründet hatte. Die Hütte besaß als einzige in der Mark Brandenburg das vom „Soldatenkönig" ausgestellte Privileg, Kristall, Farbgläser und Glaswaren mit Vergoldung herstellen zu dürfen. Hierher kamen Glasbläser und Glasschleifer aus Thüringen und Böhmen, auch aus Frankreich geflohene Hugenotten siedelten sich hier an. In den letzten 50 Jahren der Glasproduktion konzentrierte man sich auf Gebrauchsglas, das immer mehr nachgefragt war.

WER WAR EIGENTLICH ALFRED WEGENER?

Sein Name fällt dort, wo in Grenzbereichen menschlichen Lebens wissenschaftlich gearbeitet wird. Wenn deutsche Forscher die Arktis oder die Antarktis untersuchen, dann ist häufig das Bremer Alfred-Wegener-Institut der Ausgangspunkt. Es unterhält Polarstationen, Eisbrecher, Spezialflugzeuge... Alfred Wegener wurde 1880 in Berlin geboren. Die Ferien in Zechlinerhütte haben offenbar die Liebe zur Natur in ihm geweckt. Besonders interessierte er sich für Astronomie und Meteorologie. Er war es, der die Theorie von der Verschiebung der Kontinente aufstellte. Ihre Ursachen wurden allerdings erst 30 Jahre nach seinem Tod herausgefunden. Während seiner dritten Grönlandexpedition 1930 kam Wegener ums Leben.

In der früheren Schule von Zechlinerhütte ist heute ein kleines Museum eingerichtet, das allerdings nur im Rahmen von Führungen besucht werden kann. Es ist dem Meteorologen, Polarforscher und Geowissenschaftler Alfred Wegener gewidmet. Er und sein Bruder haben hier als Kinder die Sommerferien bei den Großeltern verbracht, die das ehemalige Direktorenhaus der Glashütte bewohnten. Der Korb eines Heißluftballons erinnert an eine 52-Stunden-Rekord-Fahrt der beiden im Jahr 1906. Ausrüstungsgegenstände zeigen, mit welch einfachen Mitteln Wegener und seine Begleiter 1912/13 Nordgrönland durchquerten.

Kleinzerlang

Man muss genau hinschauen, um zwischen Rheinsberg und Wesenberg den Abzweig nach Kleinzerlang nicht zu verpassen. Das 200-Seelen-Dorf liegt am nördlichsten Zipfel Brandenburgs. Wer an der Badestelle des Ortes in den Kleinen Pälitzsee steigt, befindet sich bereits in Mecklenburg. Kleinzerlang ist ein staatlich anerkannter Erholungsort mit besonderem Charme. Der Ort besteht vorwiegend aus kleinen Gehöften, die im 18. Jahrhundert von Neusiedlern angelegt wurden.

Die große Stunde schlug für Kleinzerlang, als 1881 mit der Fertigstellung des Hüttenkanals und der Schleuse Wolfsbruch die Verbindung zwischen dem Rheinsberger Seengebiet und den Havelgewässern hergestellt war. In dieser für Wassersportler günstigen Lage hat sich eine der exklusivsten Ferienanlagen Brandenburgs angesiedelt, das Precise Resort Marina Wolfsbruch (siehe Foto S. 193).

Ferieninsel Tietzowsee
Zur Tietzowsiedlung 7
16831 Zechlinerhütte
Tel. 033921 70228
www.tietzowsee.de

Kleines Dorfmuseum Kleinzerlang

Precise Resort
Marina Wolfsbruch
Wolfsbruch 3
16831 Rheinsberg-Kleinzerlang
Tel. 033921 87
www.marina-wolfsbruch.de

Landhotel Lindengarten
Dorfstraße 33
16831 Rheinsberg-Kleinzerlang
Tel. 033921 7680
www.landhotel-
lindengarten.com

AUSFLUG NACH MIROW

Während seiner Jahre in Rheinsberg unternahm Kronprinz Friedrich gelegentlich Ausritte in Richtung Norden nach Mecklenburg, ins nur wenige Meilen hinter der Grenze liegende Städtchen Mirow. Hier lebten im 18. Jahrhundert Angehörige der in Neustrelitz residierenden Herzogsfamilie des Kleinstaates Mecklenburg-Strelitz, die sich einer größeren Kinderschar erfreuten. Der etwas hochnäsige Besucher aus Preußen nannte den Mirower Hof daher „Karnickelstall". Der jedenfalls brachte Töchter hervor, die an den europäischen Fürstenhöfen wegen ihrer Schönheit und ihrer guten Erziehung als Bräute sehr begehrt waren.

1744 kam im Unteren Schloss in Mirow eine Prinzessin namens Sophie Charlotte zur Welt. Sie wurde als 17-Jährige mit dem britischen Thronfolger George III. aus dem Haus Hannover (beide also Deutsche) vermählt. Ihren Gemahl lernte sie erst einen Tag vor der Hochzeit kennen. Von Mirow aus brach sie zu einer Reise nach London mit stürmischer Überfahrt auf, während der sie ihre ersten Brocken Englisch lernte. Sophie Charlotte gebar 15 Kinder, pflegte ihren Ehemann, als dieser fast 30 Jahre in geistiger Umnachtung lebte, und starb im Alter von 74 Jahren in London hoch geachtet. Ihre Heimat hat sie nie wiedergesehen.

Aus dem Hause Mecklenburg-Strelitz gingen zwei weitere Königinnen hervor. Die eine war die legendäre Preußenkönigin Luise, die einem Napoleon die Stirn bot und die mit nur 34 Jahren starb. Die andere war deren Schwester Friederike, die es in dritter Ehe zur Königin von Hannover brachte.

i Touristinformation
Schlossinsel 2a
17252 Mirow
Tel. 039833 27567
www.klein-seenplatte.de

Mirow hat drei Königinnen hervorgebracht, und sie ist die einzige deutsche Stadt, aus der eine englische Monarchin stammt. Zwei Prinzessinnen, die es ebenfalls zu Königinnen bringen sollten, wurden von Bildhauer Johann Gottfried Schadow in einer berühmt gewordenen Figurengruppe verewigt.

Das heutige Mirow erweist sich seiner Rolle in der Weltpolitik als würdig. Auf der Schlossinsel wurde in den vergangenen Jahren ein ganzes Ensemble an historischen Bauten restauriert und für Besucher zugänglich gemacht. Dazu gehören das Torhaus aus der Renaissance-Zeit, das einstige Schloss mit seiner leider nur teilweise noch vorhandenen Rokoko-Raumausstattung, ferner das barocke Kavaliershaus und die Johanniterkirche mit der Gruft für die Mitglieder des Hauses Mecklenburg-Strelitz.

Das Schloss präsentiert als „Schaustelle" die vielfältigen Bemühungen, die alte Pracht wieder sichtbar zu machen. Vieles wurde sorgsam wieder hergerichtet, anderes wurde im früheren Zustand belassen, sogar Einblick in die Fachwerkkonstruktion des Hauses wird gewährt. Was nach dem Besuch bleibt, ist ein Eindruck von den Bemühungen einer mit begrenzten Mitteln ausgestatteten Hofhaltung, sich einen hochherrschaftlichen Anstrich zu geben. An der ursprünglichen Ausstattung des Schlosses waren Künstler vom Hof Friedrichs II. aus Potsdam beteiligt, die während des Siebenjährigen Krieges dort keine Beschäftigung hatten.

Im ebenfalls sorgsam restaurierten Kavaliershaus, jetzt „3 Königinnen Palais" genannt, vermittelt eine Ausstellung einen ersten Kontakt mit den genannten drei Königinnen aus dem Haus Mecklenburg-Strelitz. Ein Café im Palais lädt zum Ausklang der Zeitreise ein.

Schon die Schlossinsel ist einen Besuch wert. Sie ist als kleiner romantischer Park mit weiten Aussichten über den Mirower See gestaltet. Dort befindet sich auch das Grab des letzten Regenten des Hauses Mecklenburg-Strelitz, der sich Anfang 1918 das Leben nahm.

M Ausstellung im Kavaliershaus „3 Königinnen Palais" geöffnet Apr.–Okt. täglich 10–18 Uhr Nov.–März Fr–Mo 10–16 Uhr Di–Do auf Anfrage

Büste der britischen Königin Sophie Charlotte

Auf der Schlossinsel Mirow: rechts das Schloss, links das Kavaliershaus (Ausstellung)

Unterwegs im Rhinluch

Top 10
NICHT VERPASSEN

1 Ziegen streicheln auf Gut Hesterberg ▸ S. 158

2 In Radensleben erkunden, was ein Campo Santo ist ▸ S. 161

3 Auf der „Kunstbank" in Karwe sitzen ▸ S. 164

4 Den „Götzen von Altfriesack" begegnen ▸ S. 167

5 Der Blick von Wustrau nach Karwe am Ort der „historischen" Seeschlacht ▸ S. 168

6 Spuren des Reitergenerals von Zieten suchen ▸ S. 171

7 Auf das Schlachtfeld von Fehrbellin herabblicken ▸ S. 183

8 Den Kremmener Spargel probieren ▸ S. 190

9 Dem Großen Kurfüsten in Fehrbellin gegenübertreten ▸ S. 181

10 Auf der Trasse der „Stillen Pauline" radeln ▸ S. 180

ANFAHRT

⚲ Anreise mit dem Rad
Das Linumer Luch kann auch von Radtouristen nur nördlich oder südlich umfahren werden. Dafür eignen sich verschiedene Touren der Radroute „Historische Stadtkerne" am besten. Am Südrand führt auch der Havelland-Radweg vorbei.

◆ Mit Bahn und Bus
Nach Wustrau: ab Neuruppin Bus 752 oder 777. alternativ mit RE 6 alle zwei Stunden bis Wustrau-Radensleben

Nach Fehrbellin: Von Neuruppin Bus 770

🚗 Mit dem Auto
Vom Berliner Ring A10 auf die A24 in Richtung Rostock bzw. Hamburg bis Abfahrt Fehrbellin, weiter auf der L18 bis Kremmen bzw. Fehrbellin; von Fehrbellin auf L16 weiter nach Wustrau.

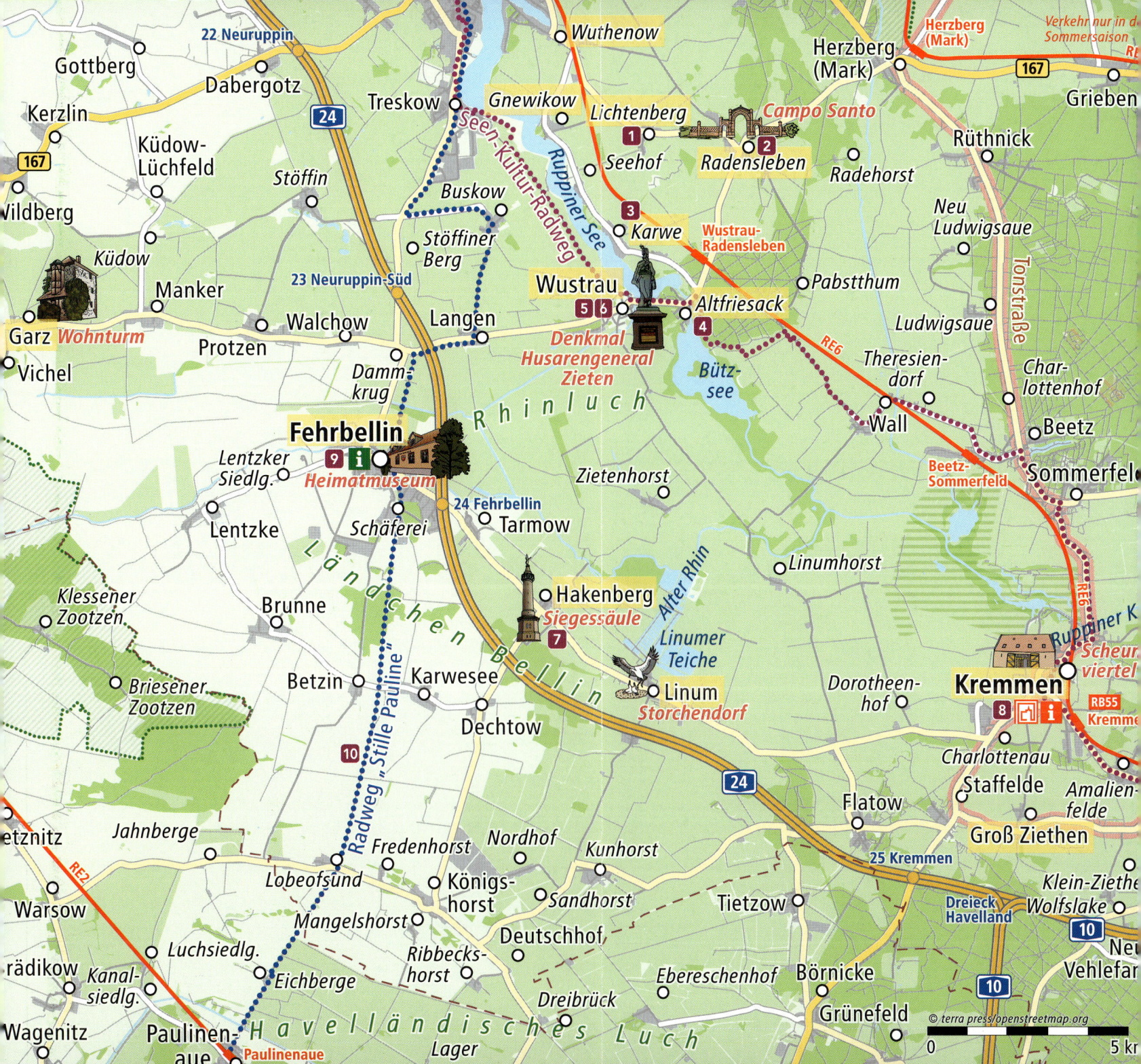

Im letzten Kapitel unserer Reise durch das Ruppiner Seenland folgen wir dem Ruppiner See südwärts und besuchen das Rhinluch. Wir unternehmen dabei zugleich eine Zeitreise. Kommen Sie mit – etwa 18.000 Jahre zurück in die Vergangenheit, als sich die Nordhalbkugel der Erde nach mehreren Eiszeiten wieder erwärmte. Die bis zu drei Kilometer hohen Gletscher, die sich von Skandinavien bis ins nördliche Brandenburg vorgeschoben hatten, schmolzen ab. Das Schmelzwasser sammelte sich in Rinnen und floss einem gewaltigen Strom entgegen. Die Rinne füllte sich mit Gletscherresten, dem sogenannten Toteis, und sammelte so noch lange Zeit Eis, das nach und nach auftaute.

Eine solche Rinne begegnet uns heute als Ruppiner See. Er ist mit 14 Kilometern der längste See Brandenburgs, erreicht aber maximal 800 Meter Breite. Von den rund 2000 brandenburgischen Seen ist er der fünftgrößte. Durch den See fließt der Rhin, er ist Teil der Ruppiner Wasserstraße, einer – zum Glück – wenig befahrenen Schiffsroute. Die Ufer des Sees sind relativ wenig besiedelt, da vielerorts die Ufergrenze durch Schilf und Morast wenig einladend ist. Erst im Süden des Sees erleben wir mehrere Orte mit viel Geschichte und Geschichten.

Wo der Ruppiner See endet, beginnt das Rhinluch. Es ist ursprünglich eine von zahllosen Gewässerarmen durchzogene Sumpflandschaft, die sich ebenfalls am Ende der letzten Eiszeit gebildet hatte. Wir haben es hier mit den Resten eines Urstromtals zu tun. Aus dem einst reißenden Strom ist ein sehr zahmes Gewässerlabyrinth geworden. Lebensfreundlich war es allerdings nicht zu den ersten Siedlern, denn mühselig mussten sie sich ihre Felder durch Entwässerungsgräben schaffen. Die Wege zwischen den Gehöften und Dörfern waren umständlich und gefährlich. Und falscher Schritt – und das Moor hatte ein neues Opfer gefunden.

Das Rhinluch bildet die natürliche Grenze zum Havelland, wo sich mit dem Havelländischen Luch eine weitere Niederungslandschaft anschließt. Lesen wir noch einmal bei Theodor Fontane nach, der über beide schreibt: „Wie das Havelland den Mittelpunkt Alt-Brandenburgs bildet, so bildet das Luch wiederum den Mittelpunkt des Havellandes… Das Luch besteht aus zwei Hälften, aus einer schirmförmig-nördlichen und einer kugelförmig-südlichen, die beide da, wo der kurze Strunk des Pilzes läuft, nah zusammentreffen."

Abendstimmung an den Linumer Teichen

Dörfer am Ruppiner See

Nachdem wir den Norden des Ruppiner Seenlandes erkundet haben, soll nun der Süden an die Reihe kommen. Dazu begeben wir uns noch einmal nach Neuruppin, um von hier aus dem Rhin bei seinem Verlauf durch den Ruppiner See zu folgen.

Also kommen Sie mit zur Seepromenade in Neuruppin und schauen Sie über das Wasser. In der Ferne steht ein Kirchturm mit stumpfer Spitze. Es ist die 1835 im klassizistischen Stil der Schinkel-Schule erbaute Kirche von **Wuthenow**. In der Kirche befindet sich ein Bild, das Neuruppin um 1694 zeigt, die älteste erhaltene Darstellung der Stadt.

Wuthenow ist auch der Namensgeber des Romans „Schach von Wuthenow" von Theodor Fontane. Das Schloss eines Rittmeisters – wie im Roman beschrieben – hat es in Wuthenow jedoch nie gegeben, auch wenn 1882 eine Gruppe des Berliner Märkischen Geschichtsvereins allen Ernstes versuchte, Schloss Wuthenow zu besuchen. Eine Legende ist auch, dass Wichmann von Arnstein, der Gründer des Neuruppiner Dominikanerklosters, von Wuthenow aus nach Neuruppin über das Wasser des Ruppiner Sees geschritten sei.

Wie Wuthenow gehörte auch **Wulkow** einstmals zum Amt Alt Ruppin. Heute werden hier die Pferdezucht und der Reitsport großgeschrieben. Im Ort befinden sich mehrere Reiterhöfe. Reitunterricht für Kinder gehört zu ihren Spezialitäten. In **Lichtenberg** ist die Dorfkirche einen Blick wert. Der Feldsteinbau wurde in der zweiten Hälfte des 13. Jahrhunderts erbaut. Im Jahr 1846 wurden die Sakristei hinzugefügt und die Empore und das Gestühl eingebaut.

Gut Hesterberg

Gut Hesterberg
Gutsallee 1
OT Lichtenberg
16818 Neuruppin
Tel. 03391 70060
www.guthesterberg.de

Auf der Straße von Lichtenberg nach Radensleben zeigt ein Wegweiser zum Gut Hesterberg. Zu sehen ist zunächst eine Allee junger Bäume, die eine leichte Anhöhe hinaufführt. Anfangs ist sie noch verborgen, aber bald zeigt sich die Gutsanlage in ihrer vollen Pracht. Ist das vielleicht eine Kulisse für einen Film nach der Art von „Dalles"? Modern, aber dennoch in klassischem Stil. Der Gutshof wurde völlig neu auf freiem Ackerland errichtet, Fertigstellung war 2001. In der Art eines Dreiseitenhofes befindet sich in der Mitte das Haupthaus mit Wohn- und Bürobereich, auf der linken Seite die Pferdeställe mit der Kutschenremise und rechts das Schlachthaus. Am Kopf dieses Hauses ist der **Hofladen mit dem Restaurant** untergebracht.

Der Weg von der Fleischverarbeitung bis zur Ladentheke könnte also nicht kürzer sein, und wer sich als Gast niederlässt, kann das Ambiente wählen zwischen rustikalen Holztischen im **Verkaufsraum**, stilvollen Tischen im Wintergarten oder Gartenmöbeln im

Außenbereich gleich neben einem **Streichelzoo**.

Besonders beliebt ist die Wurst von Gut Hesterberg, denn hergestellt wird nach alten Rezepturen ausschließlich mit Naturgewürzen. So erhält der Begriff „Hausmacherwurst" seinen eigentlichen Sinn.Viele Besucher kommen selbst mit Bussen, um hier einzukaufen. Allerdings ist Gut Hesterberg inzwischen in vielen Verkaufsfilialen in Berlin und Brandenburg vertreten.

Der Hof ist nach allen Seiten umgeben von großflächigen Weiden, auf denen Galloways, Schweine, Schafe, Gänse und Hühner artgerecht, naturnah und vor allem langsam aufwachsen. Heute leben über 1000 Tiere auf dem Gutshof: Die 500 Gallowayrinder sind das Herzstück der Landwirtschaft auf über 1000 Hektar Fläche. Die Tiere werden nur mit selbst produziertem Getreide, Heu und Gras von eigenen Wiesen ernährt. Sie alle leben auf Gut Hesterberg im Freien. Nur jene, die Schutz brauchen, kommen nachts in einen Stall.

Einmal im Jahr Mitte Juni öffnet auf Gut Hesterberg die **„LebensArt – Messe** für Garten, Wohnen und Lifestyle" ihre Pforten. Dann ist das Gut ein Eldorado für Freunde des gehobenen Geschmacks und des gut gefüllten Geldbeutels. So gehören Antiquitäten, Möbel, Wohn-Accessoires, Glas sowie Schmuck und Mode zum umfangreichen Repertoire der „LebensArt".

Weiden, Wohnhaus und Schlachthaus des Gutes Hesterberg

Der Campo Santo von Radensleben

Radensleben

„Es legt hier nur an, wer landen will." Das meinte
Theodor Fontane in seinem Kapitel über Radensleben.
Durchreisende müssen sich an einer Kreuzung mitten
im Ort entscheiden, wohin es weitergehen soll: zum
Gut Hesterberg und weiter nach Neuruppin oder in
Richtung Altfriesack und dann nach Fehrbellin. Der
eilige Reisende wird kaum bemerken, dass die Straße
aus Richtung Herzberg kurz vor jener Kreuzung
einen Park durchschneidet. Er gehörte zum früheren
Gutshaus und trug sicherlich dazu bei, dass Fontane
Radensleben als „eines der schönsten Güter der Grafschaft" bezeichnete. Als der Park in den Jahren nach
1839 neu gestaltet wurde, steuerte Peter Joseph Lenné
Planskizzen bei.

*Vom Herrenhaus zur
Seniorenresidenz*

Es ist schon seltsam: Das Herrenhaus von Radensleben ist ein stattlicher Bau, komplett erhalten und
bewohnt. Dennoch ist es in kaum einem Kompendium
über die brandenburgischen Adelssitze enthalten.
Vielleicht liegt das daran, dass der Bau so erscheint,
als sei er von Anfang an als caritative Einrichtung
errichtet worden – als Krankenhaus, Sanatorium oder
Altersheim. Und tatsächlich, seit 1945 dient der Gebäu-
dekomplex als Altersheim, heute Senioren-Wohnpark
genannt. Der Ziegelbau mit den vielen Anspielungen
auf die norddeutsche Backsteingotik wurde 1894 bis
1896 gebaut, nachdem ein Vorgängerhaus durch einen
verheerenden Brand zerstört worden war. Es war die
Kaiserzeit, in der der Historizismus eine wesentliche
Rolle in der Architektur spielte. Also fehlt auch ein
runder Turm, wie einer Raubritterburg entlehnt, nicht.

Kirche von Radensleben

Gut hundert Meter entfernt steht die Dorfkirche.
Der Feldsteinbau aus der zweiten Hälfte des 13. Jahrhunderts wurde nach und nach als Patronatskirche hergerichtet –mit separatem Eingang für die Herrschaft,
eigener Loge auf der Empore und einer vergleichsweise
wertvollen Innenausstattung, zu der eine Orgel aus
dem Jahr 1709 bzw. 1856 gehört.

Gleich neben der Kirche versteckt sich die eigentliche
Sehenswürdigkeit von Radensleben: die Grablege
für die Familie von Quast, die als **Campo Santo** nach
italienischem Vorbild angelegt wurde. In der Mark
Brandenburg ist diese Art des architektonisch gestalteten
„Gottesackers", zu dem auch ein Mausoleum gehört,
allerdings einmalig. Der rechteckige Begräbnisplatz ist
mit einer kunstvollen Ziegelmauer umgeben. Mit Holz-
türen versehene Bogenöffnungen erlauben den Zugang.

Grabstein auf dem Campo Santo

Direkt an der Chorseite der Feldsteinkirche befinden sich die Gräber der Familie von Quast. Darunter
das von Ferdinand von Quast, dessen Kunstsinn
diesen Campo Santo hervorgebracht hat. Auf der

Wer war eigentlich Ferdinand von Quast?

Der 1807 geborene Architekt Ferdinand von Quast war ein Schüler von Karl Friedrich Schinkel und gilt als Gründer der staatlichen Denkmalpflege. Als ihn Preußenkönig Friedrich Wilhelm IV. 1843 in das Amt eines „Konservators der Kunstdenkmäler" berief, wurde er erster preußischer Staatskonservator und somit Vorgänger der heutigen Landeskonservatoren. Zu seinen Aufgaben gehörte es, wichtige Denkmäler zwischen dem Rheinland und Ostpreußen zu begutachten und Maßnahmen zu ihrer Erhaltung und authentischen Instandsetzung vorzugeben. Gründliche Forschungen waren dabei wichtige Voraussetzungen. Rund 7000 Zeichnungen und Skizzen, Reise- und Tagebücher dokumentieren sein fast 33-jähriges Wirken. Die Idee, die Familiengrabstätte als Campo Santo anzulegen, dürfte ihm auf einer seiner Italien-Reisen gekommen sein. Nicht selten setzte er private Mittel ein, um historische Bauten vor dem Verfall zu retten. Seit 1987 verleiht Berlin jährlich die Ferdinand-von-Quast-Medaille an Menschen oder Institutionen, die sich in besonderer Weise um Berliner Denkmale oder die Denkmalpflege verdient gemacht haben.

Adelsfamilie von Quast – siehe auch Garz ▸ S. 177

gegenüberliegenden Seite bestimmt die lebensgroße Figur eines segnenden Christus die Szenerie. Es ist die Kopie einer vom dänischen Bildhauer Bertel Thorvaldsen (1770–1844) für die Kopenhagener Frauenkirche geschaffenen Skulptur. Eine Inschrift verweist auf das Jahr 1854, in dem der Friedhof angelegt wurde. Rechts und links davon befinden sich weitere Gräber. An dem nicht zu besichtigenden Hengstenberg-Mausoleum vorbei führen Stufen hinab in den Gutspark.

Gnewikow

Dort, wo eine Landzunge in den Ruppiner See ragt, liegt das Straßendorf Gnewikow. Als eine „besondere Zierde des Sees" beschrieb Theodor Fontane damals den Ort Gnewikow. Die Landzunge selbst wird von einem **Landschaftspark** mit gartenkünstlerischen Elementen eingenommen, in dessen Mittelachse das imposante **Herrenhaus** steht. Das Gut gehörte seit dem Mittelalter der Familie von Woldeck und ging 1844 in den Besitz der bürgerlichen Familie Jacobs über. Sie veranlasste, dass der ursprünglich eingeschossige Bau aufgestockt und mit einer streng gegliederten spätklassizistischen Fassade versehen wurde. Nach

Das Herrenhaus von Gnewikow

der Enteignung der Besitzer im Jahr 1945 beherbergte der schlossartige Bau nacheinander verschiedene Ausbildungsstätten. 2002 wurde das Internationale Jugenddorf Gnewikow gegründet, zu dem nach einer umfassenden Sanierung 2004 das Gutshaus hinzukam. Die DKB Stiftung übernahm das Jugenddorf 2009.

Im **Jugendgästehaus** mit 445 Betten fühlen sich vor allem Gruppen, Vereine, Klassen und Sportteams wohl. Denn auf dem Gelände finden sie alles, um aktiv den Tag zu gestalten: einen eigenen Badestrand, Plätze für alle Ballsportarten, Beachvolleyballfelder, Tischtennis, Mehrzweckhalle, Billard- und Kickerraum, Kanu- und Fahrradverleih. Gruppen können Drachenboot fahren ja sogar ein eigenes Floß bauen und gemütlich am Lagerfeuer den Abend verbringen.

Das **historische Gutshaus** mit 25 Zimmern im Hotelstandard, stilvollem Festsaal und großer Terrasse ist vor allem ein Ort für Familientreffen, zum Feiern und Heiraten. Die standesamtliche Trauung kann im Gutshaus mit Blick auf den See vollzogen werden.

Die **Kirche von Gnewikow** ist ein weitgehend ursprünglich erhaltenes Zeugnis spätmittelalterlicher Baukunst im Ruppiner Land. Beim Rautengiebel des Nordanbaus handelt es sich um eines der ältesten Beispiele des Fachwerkbaus in der Region. Auf der östlichen Seite des Kirchhofs findet man den verwitterten Grabstein des Rittmeisters Gregor von Woldeck (1667–1735).

Jugenddorf am Ruppiner See
Gutsstraße 23
16818 Gnewikow
Tel. 03391 402720
www.jugenddorf
ruppinersee.de

Von Karwe nach Wustrau

Karwe

Die Straße, die am Ruppiner See durch Karwe führt, heißt Lange Straße. Das ist der passende Name für dieses Straßendorf. In der Ortsmitte befindet sich das, was vom Gut der Knesebecks noch übrig ist. An das Gutshaus erinnert heute die „**Kunstbank**", eine eiserne

Eine „Kunstbank" in Karwe

In den „Wanderungen durch die Mark Brandenburg" berichtet Fontane ausführlich über das Innere des Herrenhauses. Es diente bis 1945 als Wohnsitz der Familie, danach als Flüchtlingsunterkunft und bis 1970 als Schule. Dann verfiel es und wurde 1983 abgerissen.

Kirche in Karwe

Miniatur-Nachbildung des einstigen Herrenhauses, die – mit zwei Bohlen versehen – zur Rast einlädt. Die noch vorhandenen Wirtschaftsgebäude lassen noch gut erahnen, welch einladenden Anblick die Gutsanlage in ihren besten Zeiten bot. Kleine Info-Tafeln klären die Besucher auf, wozu die noch vorhandenen Wirtschaftsgebäude früher dienten und heute genutzt werden. In die meisten von ihnen wurden Eigentumswohnungen eingebaut. Deren Bewohner haben einen unverbaubaren Blick auf den Ruppiner See und das gegenüberliegende Wustrauer Ufer.

Obwohl die Knesebecks (eigentlich „von dem Knesebeck") ein uraltes, weit verzweigtes Adelsgeschlecht sind, ist ihre Geschichte in Karwe nicht allzu lang. Sie beginnt mit Carl Christoph Johann von dem Knesebeck, der als „Langer Kerl" unter dem Soldatenkönig diente. Der verheiratete ihn mit einer „guten Partie", und 1721 konnte sich das junge Paar das Gut Karwe kaufen. Dessen Enkel Karl Friedrich hat es sogar bis zum Generalfeldmarschall des preußischen Heeres gebracht und wurde der Namensgeber einer Straße und einer Brücke in Berlin. Ein Streich in jungen Jahren ist noch heute unvergessen. Wir kommen in Wustrau darauf zurück. Ein 1895 gegründeter Familienverband der Knesebecks besteht bis heute.

Schräg gegenüber der Gutsanlage steht die **Karwer Feldsteinkirche** aus dem 13. Jahrhundert mit ihrem markanten achteckigen Spitzhelm von 1624. Sehenswert ist der barocke Kanzelaltar aus dem Jahr 1748. Auf dem Friedhof liegt ein Granitblock mit der Inschrift „Der Knesebecken Grab".

Karwe besitzt auch eine Bahnhofstraße. Die führt rund einen Kilometer lang zu einem verwaisten

Das Knesebecksche Gut heute

Bahnhofsgebäude. Bis 1995 hielten hier noch Züge zwischen Hennigsdorf und Neuruppin. Nun donnert der „Prignitz-Express" in voller Fahrt vorbei. Die Straße jedoch führt weiter zur Alten Schäferei, weit außerhalb von Karwe. Hier hat der 1952 geborene Künstler Matthias Zágon Hohl-Stein sein Atelier und hier lebt er auch. Seinem „Parzifal am See" sind wir in Neuruppin begegnet und seine „Seeschlacht" werden wir noch in Wustrau sehen. Das kleine Waldstück um das Haus hat er zu einem „**Kunstgarten**" gestaltet, vollgestellt mit fantastischen Figuren und Installationen. Gäste sind eingeladen, die Freiluftausstellung in ihrer Kombination von natürlicher Entwicklung und künstlerischer Gestaltung auf dem „Skulpturenpfad" auf sich wirken zu lassen.

Künstler Matthias Zágon Hohl-Stein
www.zagon-hohl-stein.net

Altfriesack

Ein besonderes Wahrzeichen macht Altriesack unverwechselbar: die **Klappbrück an der Schleuse**. Über die Brücke führt die Straße, die das Ostufer des Ruppiner Sees mit Wustrau verbindet. Sie wird hochgeklappt, wenn größere Boote, speziell Segelboote, in die Schleusenkammer ein- oder ausfahren wollen. Der Klappmechanismus ist holländischen Vorbildern abgeschaut. Die ausladenden Gegengewichte haben

Warten an der Schleusen-einfahrt von Altfriesack

es dort schon im Mittelalter möglich gemacht, auch schwere Brückenteile mit einfacher Menschenkraft zu bewegen. In Altfriesack wurde eine Brücke erst erforderlich, als die Verbindung zwischen dem Ruppiner See und dem Bützsee gegraben wurde. Das war im Jahr 1790. Ursprünglich eine Holzbrücke, wurde sie 1927 durch eine Eisenbrücke ersetzt. Nach fast 70 Jahren hatte auch die ausgedient und wurde 1994 gegen die jetzige elegante Stahlkonstruktion ausgewechselt. Seither feiern die Altfriesacker alljährlich im August das Brückenfest.

Ein Besuch in Altfriesack macht schnell deutlich, dass hier, zwischen zwei Seen und dichten Wäldern, die Landwirtschaft nie eine große Rolle gespielt hat. Die Menschen lebten hier lange Zeit vor allem von der Fischerei. Fische aus den umliegenden Gewässern gibt es auch im Gasthof „Alte Fischerhütte".

An der Bootsanlegestelle machen zwei Holzplastiken auf sich aufmerksam. Zum einen steht da ein

Gasthof
Alte Fischerhütte
Zur Zugbrücke 7
16818 Wustrau-Altfriesack
www.fischerhuette-altfriesack.de

Fischerhütte Pfefferkorn
• Fischteich zum Angeln für jedermann
• Biergarten
• Fischverkauf
• Fischimbiß
geöffnet
Do—So und feiertags

www.altfriesack.de

seltsamer Geselle, der düster und grimmig in die Gegend schaut. Es ist die aus der Astgabel einer Stieleiche gefertigte freie Nachbildung des „**Götzen von Altfriesack**". Der wurde 1857 beim Durchstich des Mühlgrabens gefunden. Wissenschaftler haben ihn als eine slawische Kultfigur aus dem 4. Jahrhundert identifiziert. Daher steht das 1,62 Meter große Original, das sich allerdings in einem wesentlich schlechteren Zustand befindet als die Kopie, im Berliner Museum für Vor- und Frühgeschichte.

Direkt neben der Klappbrücke steht eine weitere Holzfigur. Die ist allerdings viel kunstvoller und auch größer als der „Götze von Altfriesack". Aus dem hohlen Stamm einer riesigen Eiche entstand das geschnitzte Kunstwerk „**Des Fischers Traum**", eine Ansammlung prächtiger Fische.

Der frühere Forstarbeiter Jens Mielke ist der Schöpfer dieses eindrucksvollen Werkes. Er macht sich gewöhnlich mit der Motorsäge an seine künstlerische Arbeit. Eine Tafel am Fuß der Skulptur trägt die Inschrift: „Mit dieser Statue ‚Des Fischers Traum' wird an die jahrhundertelange Altfriesacker Fischerei erinnert. Von ehemals 12 Höfen im Fischerdorf besitzen heute noch 7 ein uneingeschränktes Fischereirecht mit einem Kahn ohne Zugnetz!"

An diese Tradition knüpft die Fischerhütte Pfefferkorn an. An einem Karpfenteich neben dem Restaurant können Besucher selbst die Angel auswerfen.

Wustrau

Der Weg von Altfriesack nach Wustrau führt durch dichten Wald. Von der Straße zweigt ein schmaler Feldweg ab, der an einem erhöhten Seeufer endet. Dort steht ein **Obelisk**, der in großen Lettern die Jahreszahl 1790 trägt. Er erinnert an den Durchstich zwischen

„Fischers Traum"

Geführte Kanutouren, Wanderungen und Radtouren (Start/Ziel Kanustation), Zeltmöglichkeit
KanuCamp Altfriesack
Triftweg 3
16818 Altfriesack
Tel. 033925 90163
www.altfriesack.de/kanu

Der Obelisk am Ende des Ruppiner Sees

Wustrauer Seefestival

Ruppiner See und Bützsee. Die Ruppiner Seen hatten damit eine Verbindung in die Havelgewässer nördlich von Berlin. Neuruppin war mit der Hauptstadt verbunden. Der Obelisk wies den Schiffern den Weg in den Kanal und markiert das Südende des Ruppiner Sees.

Am Ortseingang von Wustrau erwartet uns der **Yachthafen am Bollwerk**. Rund zwanzig Segel- und Motorboote können hier anlegen, komfortable Sanitäreinrichtungen stehen zur Verfügung. Für die großen Schiffe der Ruppiner Flotte wurde neben dem Hafen eine Schiffsbrücke gebaut. Unübersehbar steht an der Uferpromenade eine Plastik mit Wasserspiel von Matthias Zágon Hohl-Stein, geschaffen im Jahr 2000. Sie trägt den Titel „Seeschlacht". Der Künstler stellt zwei Recken dar, die in Booten stehend mit Stangen aufeinander losgehen. Mit der „Seeschlacht" hat es eine reale historische Bewandtnis. Es geht um ein Ferienvergnügen zweier junger Adliger, der eine 18, der andere 19 Jahre alt, die durch die Beschreibung Fontanes in seinen „Wanderungen durch die Mark Brandenburg" plastisch vor Augen geführt wird.

Das Land Brandenburg ist reich an spektakulären Kulturveranstaltungen. Ohne Zweifel gehört das **Seefestival Wustrau** mit seinen Theaterinszenierungen dazu. Seit nunmehr dreizehn Jahren hat es sich aus der Idee von Regisseur und Schauspieler Marten Sand und einer Künstler-Gruppe zu einem deutschlandweit erstklassigen Besuchermagneten entwickelt. Auf einer Bühne am Ruppiner See wird Theater verschiedener Genres aufgeführt: Musical, Schauspiel, Revue. In jedem Fall ist es die spezielle Verbindung von Kultur und Natur,

Seeschlacht bei Karwe (gekürzt)

Es war im Jahre 1785. Der Sohn des alten Zieten auf Wustrau war Cornet im Leibhusarenregiment seines Vaters, und der Sohn des alten Knesebeck auf Karwe war Junker im Infanterieregiment von Kalckstein. Der Zufall wollte, daß beide zu gleicher Zeit Urlaub nahmen und auf Besuch nach Haus kamen. Die beiden Nachbarfamilien lebten auf dem besten Fuß miteinander, und auch die jungen Leute unterhielten einen freundschaftlichen Verkehr. Man sah sich oft und machte gemeinschaftliche Partien.

Es war im August, da begegneten sich Junker und Cornet am Ufer, plauderten hin und her von der Strenge des Dienstes und von der Lust des Krieges und kamen überein, in Ermangelung wirklichen Kampfes, zwischen Karwe und Wustrau eine Seeschlacht aufzuführen. Man machte auch gleich den Plan. Die Knesebeckschen sollten von Karwe her heftig angreifen und die Zietenschen bis nach Wustrau hin zurückdrängen, dann aber sollten diese sich rekolligieren und die Knesebeckschen in ihren Schilfwald zurückwerfen. So war es beschlossen.

So kam der ersehnte Abend. Mit dem Glockenschlage neun liefen beide Flotten aus, jede sechs Kähne stark, das Admiralboot vorauf. Als man aneinander war, begann die Schwärmerkanonade, vom Ufer her scholl der Jubel einer dichtgedrängten Menschenmenge, und bald zogen sich verabredetermaßen die Zietenschen nach Wustrau hin zurück. Eh sie noch in die Nähe des Hafens gekommen waren, wandten sie sich wieder, und drei große Raketen fast horizontal über das Wasser hinschießend, gingen sie jetzt ihrerseits mit verdoppeltem Ruderschlag zur Attaque über. Die Karweschen hielten einen Augenblick stand, aber nicht lange, dann begann ihre Retraite. Die Wustrauschen setzten nach und waren eben auf dem Punkt, die Fliehenden bis in das dichte Schilf hinein zu verfolgen, als ein lautes, staunendes Ah, das vom Ufer her herüberklang, die Verfolgenden stutzen ließ und ihre Blicke nach rückwärts lenkte. Die Sieger waren gefangen. Im Karweschen Schilf hatte sich eine Flottille versteckt gehalten, die der Junker als Mietstruppe für diesen Tag angeworben und von seinem Taschengelde bezahlt hatte. Es waren Fischerboote von Alten-Friesack her, vierundzwanzig an der Zahl, jedes mit einer Laterne hoch am Mast. In langer Linie kamen sie aus dem Schilf hervor und legten sich quer vor. Das Laternenlicht war hell genug, die Fischergestalten zu zeigen, wie sie da standen mit vorgehaltenem Ruder, bereit, jeden Fluchtversuch zu vereiteln. Die Wustrauschen machten gute Miene zum bösen Spiel und sprangen lachend ans Ufer. Nie wurden Gefangene schmeichelhafter begrüßt."

die den Reiz des Sommertheaters bei untergehender Sonne ausmacht. Das Festival wurde im Jahr 2005 mit „Die Seeschlacht zwischen Wustrau und Karwe" an historischem Ort eröffnet.

Wenige Schritte von der Uferpromenade entfernt steht das **Herrenhaus** des Husarengenerals Hans Joachim von Zieten. Der eindrucksvolle, schlossartige Bau im friderizianischen Stil entstand zwischen 1747 und 1750. Es zeigt, zu welch stattlichem Vermögen es der Husarengeneral bereits nach den ersten beiden Schlesischen Kriegen gebracht hatte. Es sei angemerkt, dass der König durch die kostenlose Bereitstellung von Bauholz und Kalkstein den Bau des Herrenhauses kräftig unterstützte.

Das zweigeschossige Schloss mit seiner reich gegliederten Fassade und den eindrucksvollen Portalen steht ganz im Gegensatz zu dem bescheidenen Geburtshaus Zietens mit der entsprechenden Erinnerungstafel. Als Besitzer eines von drei Rittergütern am Ort, konnte von großem Reichtum der Ahnen des Generals keine Rede sein. Erst der draufgängerische Husarenanführer

Hotel & Restaurant
Seeschlösschen
Am Bollwerk 1
16818 Wustrau
Tel. 033925 8803
www.seeschloesschen-
wustrau.de

brachte es zu wahrem Wohlstand. Nach dem für die preußische Bevölkerung verheerenden Siebenjährigen Krieg konnte Zieten die anderen beiden Rittergüter in Wustrau hinzukaufen. Seinem Sohn verschaffte das die Möglichkeit, den Sitz seiner Ahnen nach seinen Vorstellungen zu einer dörflichen Musteranlage zu entwickeln.

In der zweiten Hälfte des 19. Jahrhunderts wurde der Bau zu klein. Also wurde er umgebaut und um einen Seitenflügel erweitert. Kurz vor dem Ersten Weltkrieg kam noch ein verspielt wirkender Pavillon-Anbau hinzu. Bis 1945 diente das Schloss als Wohnsitz der Zieten-Erben. Das weitgehend unversehrt durch den Zweiten Weltkrieg gekommene Bauwerk diente anschließend als Schule, die allerdings wegen Baufälligkeit 1976 den Betrieb einstellen musste. Nach Reparatur und Sanierung wurde das Schloss 1983 dem DDR-Justizministerium als Weiterbildungsstätte übertragen. Nach der Wende wurde es in gebrauchsfähigem Zustand zur **Tagungsstätte der Deutschen Richterakademie** umgewidmet. Dennoch waren noch einmal erhebliche Anstrengungen nötig, um das Zietenschloss in seinen heutigen attraktiven Zustand zu versetzen. Die Anlage bietet Tagungsmöglichkeiten und Unterkunft für rund 100 Gäste.

Eine Besichtigung des Schloss Wustrau ist – mit Rücksicht auf den Tagungsbetrieb – außerhalb der Schulferien mittwochs von 13 bis 16 Uhr möglich. Tel. 033925 8970

WER WAR EIGENTLICH HANS JOACHIM VON ZIETEN?

Generäle können im Gegensatz zu jenen, über die sie befehlen, sehr alt werden. Hans Joachim von Zieten, geboren 1699 in Wustrau, starb im Alter von fast 87 Jahren. Nur wenige Monate vor König Friedrich II., dessen Kriege er alle an vorderster Front mitgemacht hatte. Zieten entstammte dem armen Landadel. Zudem war er klein und von schwacher Stimme. Ihm blieben nur Beharrlichkeit und Rauflust. Das brachte ihm zunächst eine einjährige Festungshaft ein. Zur „Bewährung" wurde er Chef einer Husarenkompanie. Heute würde man diese Truppe der leichten Kavallerie „Freischärler" nennen, die tollkühn gefährliche Aufgaben übernahm – zum Teil hinter den Linien des Feindes. Die Husaren waren eine eingeschworene, schwer zu disziplinierende Truppe. Wer die Husaren befehligte, musste über besondere charismatische Eigenschaften verfügen. Zieten bewies, dass er es konnte. Beim ersten Schlesischen Krieg besaß Preußen zwei Husarenregimenter, am Ende der Regierungszeit von Friedrich II. waren es zehn. „Zieten aus dem Busch" wurde zu einem geflügelten Wort. Er selbst wurde zum General der Kavallerie befördert und befehligte zeitweise das gesamte preußische Heer. Er errang im Laufe der Zeit das besondere Vertrauen des Königs und wurde zu seinem väterlichen Freund.

171

Dem Schloss gegenüber stehen eine 300-jährige Stieleiche und in ihrem Schatten ein Kriegerdenkmal, das den Gefallenen der Befreiungskriege gegen Napoleon gewidmet ist. Dahinter ein bescheidenes Backsteingebäude: die 1833 gebaute „**Heimatschule**". Der Zieten-Sohn Friedrich Christian (wir kommen noch auf ihn zu sprechen) hat hier das Muster für eine preußische Volksschule hinterlassen. 1905 kam ein Anbau hinzu, so ist heute ausreichend Platz für das sehenswerte Museum des Wustrauer Heimat- und Kulturvereins. Es zeigt Relikte aus dem dörflichen Leben vor über 100 Jahren, zum Beispiel aus dem Leben der Torfstecher. Hinter der Schule steht ein alter Schornstein, auf dem sich fast jedes Jahr ein Storchenpaar einquartiert. Eine Tafel gibt Auskunft über den jährlichen Nachwuchs.

Die „Heimatschule" im Rücken, geht der Blick über den Wustrauer **Dorfanger** der den Namen „Das Hohe Ende" führt. Und tatsächlich: Der Anger hat kein Ende, es ist ein „Sackanger". Auf den Grünflächen zwischen den kleinen Bauernhäusern hatten die einstigen Bewohner viel Platz zum Bleichen ihrer Wäsche. Ziel der Besucher ist auf dem Anger das „**Haus Constance**" aus dem Jahr 1908. Der kleine Saal war für Theateraufführungen gedacht, nach 1945 war er Turnhalle der Schule im Schloss. Heute ist es ein Café, das mit musikalisch-literarischen Veranstaltungen an die ursprüngliche Tradition anknüpft.

Ein besonderes Schmuckstück am Anger ist der **Eiskeller**, der auf den alten Zieten zurückgeht. Die Gestaltung des Portals stammt von Friedrich Christian Glume, der u.a. die Bacchanten am Potsdamer Schloss Sanssouci schuf. Der jung Zieten setzte eine **Steinbank**

Skyline von Wustrau

linke Seite: An der Südspitze des Ruppiner Sees

🍴 Café-CONSTANCE
Hohes Ende 4
16818 Wustrau
Tel. 033925 70676

Im Hof von „Haus Constance"

Im Schlosspark von Wustrau

Der nachdenkliche Reiter-general

am „Hohen Ende" aus behauenen Findlingen so zusammen, dass sie wie eine germanische Weihestätte erscheint.

Ein kurzes Stück weiter führt ein Fußweg vorbei an uralten Baumriesen zum See-Ufer mit der Wustrauer Badestelle. Es geht durch den äußeren Bereich des früheren **Schlossparks**. Der nichtöffentliche Bereich des Schlossareals ist durch einen Maschendrahtzaun gut sichtbar. Der Blick reicht bis zum Eckpavillon, von dem aus sich die früheren Bewohner an der herrlichen Aussicht über den See bis nach Karwe erfreuen konnten.

Als es darum ging, den ursprünglichen Barockgarten in einen englischen Landschaftspark umzugestalten, lieferte Peter Joseph Lenné die Pläne. Der Park war ursprünglich ausgestattet mit Kleinarchitekturen und Plastiken, von denen nur wenige die Nachkriegszeit überstanden. Die „Schifferkapelle", ein kleines Backsteinhaus, gehört dazu. Am Ufer angekommen, genießen nun auch wir den Blick über den Ruppiner See.

Das nächste Ziel unseres kleinen Rundgangs ist die Kirche von Wustrau. Für den tiefreligiösen Zieten (der deshalb häufig Ziel des Spotts von Friedrich dem Großen

174

war) war es selbstverständlich, dass mit dem großen Herrenhaus auch die Kirche erneuert werden musste. Der spätgotische Feldstein- und Ziegel-Bau aus dem 13. Jahrhundert bekam einen quadratischen Turm im Stil des Barock verpasst, im Inneren bekam Kirchenpatron von Zieten seine Loge. An der Nordseite befindet sich das bescheidene Grab des Husarengenerals. Im Gegensatz dazu hat sich dessen Sohn, Friedrich Christian Graf von Zieten, unter einem Findling im Schatten einer alten Linde zur letzten Ruhe betten lassen.

Unsere Erkundungstour führt nun vorbei am Standbild des Husarengenerals. Es zeigt Zieten mit der für Husaren typische Fellmütze, Kolpak genannt. Seine Haltung ist nicht im geringsten kriegerisch. Nachdenklich steht er da, die eine Hand fragend am Kinn, die andere am Säbel. Geschaffen wurde das Standbild ursprünglich aus Marmor 1794 vom Berliner Bildhauer Gottfried Schadow. 1857 hat August Kiss eine Bronzekopie hergestellt. Der erste Abguss steht heute wieder auf dem Berliner Wilhelmplatz, der zweite in Wustrau. Drei Bildplatten am Sockel des Denkmals stellen Szenen aus den drei Schlesischen Kriegen dar.

So an die preußische Geschichte herangeführt, betreten wir nun das **Brandenburg-Preußen Museum**, das seit dem Jahr 2000 in einem eigens dafür gebauten Ausstellungshaus Gäste anlockt. Initiator und Stifter des Museums ist der Berliner Bankier Ehrhardt Bödecker. Er hat es sich zur Aufgabe gemacht, Interesse an preußischer Geschichte zu wecken und dabei ein differenziertes Bild von Preußen – mit seinem Kern Brandenburg – zu zeichnen. Toleranz, Erfindergeist, Unternehmertum, Rechtsempfinden, Pädagogik – gerade das ist Preußen, wie es hier präsentiert wird. Prügelstock und Pickelhaube bekommen so die Einordnung, die sie verdienen. Das Museum ist allein schon wegen seiner Sammlung von Porträts aller

An der Dorfkirche von Wustrau lehnt ein riesiger Unterkieferknochen eines Wals, gesammelt von Friedrich Christian Graf von Zieten.

WER WAR EIGENTLICH FRIEDRICH CHRISTIAN GRAF VON ZIETEN?

Angelehnt an die Wustrauer Kirchenmauer, steht der riesige Unterkieferknochen eines Walfischs. Derartige Kuriositäten pflegte Friedrich zu sammeln und legte so den Grundstock für das Neuruppiner Museum. Friedrich Christian von Zieten wurde 1765 als einziger Sohn des Husarengenerals geboren. Bei der „Seeschlacht zwischen Karwe und Wustrau" sind wir dem jungen Offizier schon einmal begegnet. Während es allerdings der damalige Kontrahent Karl Friedrich von dem Knesebeck bis zum preußischen Generalfeldmarschall brachte, quittierte der junge Zieten mit 35 Jahren den Dienst als Rittmeister und ging in die Politik. Zwischen 1800 und 1841 war er Landrat des Kreises Ruppin. Er organisierte die Trockenlegung des Rhinluchs und den Torfabbau, führte moderne Verwaltungsstrukturen ein, brachte die Finanzen in Ordnung und tat viel für die Verschönerung Neuruppins. Wustrau machte er zu einem Mustergut, auch die parkartige Anlage des Ortes ist ihm zu verdanken. Der König lobte ihn als einen der besten Landräte Preußens und erhob ihn 1840 in den Grafenstand. Nur Fontane ließ in seinen „Wanderungen..." an ihm kaum ein gutes Haar. Aber allein seine Sammlung von Altertümern sollte Grund sein, ihn in guter Erinnerung zu behalten. Er starb 1854 in Wustrau, ohne je verheiratet gewesen zu sein. Sein Erbe ging auf eine mit der Zietenschen Familie verwandte Linie der Adelsfamilie von Schwerin über.

M Brandenburg-Preußen Museum Wustrau
Eichenallee 7a
16818 Wustrau
Tel. 033925 70798
www.brandenburg-preussen-museum.de
April–Okt. Di–So 10–18 Uhr
Nov.–März Di–So 10–16 Uhr

brandenburgisch-preußischen Kurfürsten, Könige und Kaiser sehenswert. Sonderausstellungen zu Einzelthemen bereichern das Angebot.

Die Straße von Wustrau nach Fehrbellin ist eine Allee aus alten Eichen. Sie führt direkt am Rand des Rhinluchs entlang, parallel zum Wustrauer Rhin (auch Neuer Rhin genannt), einer künstlich angelegten Abkürzung des Rhinverlaufs in Richtung Westhavelland, die bei der Entwässerung des Luchs eine wichtige Rolle spielte.

Im Rhinluch

Wenn der Rhin in Altfriesack den Ruppiner See verlässt, um durch eine Schleuse in den Bützsee zu gelangen, wird es mit seinem Verlauf unübersichtlich – um es vorsichtig auszudrücken. Als „Bützrhin" fließt er zunächst in Richtung Südosten. Doch nun kann das Wasser des Rhins, durch Wehre geregelt, sowohl westwärts als Alter Rhin in seiner weiteren natürlichen Fließrichtung durch das Rhinluch der unteren Havel zufließen, als auch über den Kremmener Rhin nach Osten in die obere Havel bei Oranienburg geleitet werden. So oder so entsteht ein verwirrendes Geflecht von Fließen und Kanälen, die den Verlauf des Rhin stellenweise nur noch erahnen lassen.

Nördlich von Fehrbellin schlängelt sich noch ein natürlicher Wasserlauf durch die Landschaft. Es ist die Temnitz, die 40 Kilometer ausschließlich im Landkreis Ostprignitz-Ruppin fließt. Wir begegneten dem Flüsschen bereits in Netzeband (▸ Seite 79) und folgen ihm nun nach **Garz**, einer kleinen Gemeinde mit zahlreichen alten Gehöften. Hier steht eine der ältesten Befestigungsanlagen im Land Brandenburg, von der

Eine der ältesten Befestigungs-
anlagen in Brandenburg

ein elf Meter hoher Wohnturm mit bis zu 1,40 Meter
dicken Feldstein-Wänden aus dem 13. oder 14. Jahrhundert erhalten ist. Er diente der Familie von Quast, die
seit Anfang des 15. Jahrhunderts in Garz ansässig war,
nach dem Dreißigjährigen Krieg als Wohnhaus. 1681
wurde der Fachwerktreppenturm angebaut.

Um das um 1700 entstandene Herrenhaus herum
wurde zunächst ein Barockgarten angelegt. Als der
Bau Mitte des 19. Jahrhunderts klassizistisch erweitert
wurde, erfuhr der Park eine Umgestaltung zum Land-
schaftsgarten. Nach 1945 diente das Herrenhaus als
Kulturhaus. Nachdem 1992 Teile des Garzer Gutshofes
samt Gutspark in Privatbesitz übergingen, wurden
dort Restaurierungsarbeiten nach historischem Vorbild
durchgeführt. Die historische Gutsanlage befindet sich
hinter einem Zaun und ist öffentlich nicht zugänglich.

Bemerkenswert in Garz sind ferner die barocke
Kirche aus dem Jahr 1727 und das gegenüberstehende
Vorlaubenhaus. Der ehemalige Dorfkrug wurde 1793
erbaut und vor rund zehn Jahren denkmalgerecht
saniert. 2007 gab es dafür den Denkmalpreis des Landes Brandenburg.

Ein Vorlaubenhaus in der
Ortsmitte von Garz

Das Ländchen Bellin

Wir betreten das Ländchen Bellin. Es ist eine kleine Hochfläche, die sich um nur wenige Meter aus der umgebenden Luchlandschaft heraushebt. Es entstand aus eiszeitlichen Grundmoränen, die sich zwischen zwei Urstromtälern abgelagert hatten, und erstreckt sich über knapp 15 Kilometer in Ost-West-Richtung. Es trennt das im Norden liegende Eberswalder Urstromtal mit dem Rhinluch vom Berliner Urstromtal mit dem Havelländischen Luch im Süden. Die bedeutendsten Orte entlang des Rhinluchs sind Fehrbellin („Bellin'sche Fähre"), Hakenberg, Linum und Kremmen.

Im „Ländchen" waren schon im Mittelalter Ansiedlungen und Landwirtschaft möglich, während in den flachen Luchgebieten mit ihren Sümpfen und Mooren erst nach umfangreichen Entwässerungsmaßnahmen an eine Besiedlung zu denken war. Heimisch fühlt sich im Rhinluch hingegen die äußerst seltene Europäische Sumpfschildkröte.

Der „Soldatenkönig" Friedrich Wilhelm I. initiierte die ersten systematischen Trockenlegungsaktionen im Luch. In den Jahren 1718 bis 1725 haben vorrangig Soldaten Seiner Majestät insgesamt 75 Kilometer Entwässerungsgräben ausgegraben. Dabei wurde eine wichtige Entdeckung gemacht: das Torf. Berlin benötigte täglich riesige Mengen davon. Die Neuruppiner Wilhelm und Alexander Gentz beuteten den

Das Ruppiner Land hat einen eigenen Flugplatz in der Nähe von Fehrbellin. Aus einer Wiese für den Agrarflug entstand ein moderner Sportflugplatz mit asphaltierter Landebahn, Tower, Flugzeughallen und einem Gebäude für Gastronomie, Flugschule und Fallschirmschule. Hier starten Propellermaschinen für Tandemspringer.
Flugplatzstraße 3
16833 Fehrbellin
Tel. 033932 72412
www.flugplatz-fehrbellin.de

🍴 Alter Fehrbelliner
Bahnhof
Gaststätte mit Pension
Bahnhofstraße 10
16833 Fehrbellin
www.alter-fehrbelliner-
bahnhof.de

Denkmal des Großen Kurfürsten

Rohstoff und mindestens eintausend Torfstecher aus und gingen als Torflords in die Geschichte ein.

Auch als die Zeit des Torfs längst vorbei war, ging die systematische Melioration des Luchs zur Gewinnung von Wiesen, Weiden und Feldern bis in die jüngste Vergangenheit weiter. Durch das Rhinluch führte von 1880 bis 1970 eine Bahnstrecke. Sie verband Fehrbellin zum einen mit Paulinenaue (wo es einen Anschluss an die Hauptstrecke Berlin – Hamburg gab), zum anderen mit Neuruppin. „Stille Pauline" wurde die Bahn genannt, denn ihre Lokomotive soll mehr still im Schuppen gestanden haben, als auf den Schienen unterwegs gewesen zu sein. **„Stille Pauline"** wurde auch ein Radweg genannt, der größtenteils auf der früheren Bahntrasse mitten durch das Luch verläuft. Feinster Asphalt und minimale Steigungen bescheren selbst Untrainierten ein unbeschwertes Raderlebnis. Zur ausgiebigen Rast – sogar mit Übernachtungsmöglichkeit in einem ehemaligen Schlafwagen – lädt der Bahnhof Fehrbellin ein.

Fehrbellin

Lassen wir uns nicht täuschen, wenn wir auf dem Ortseingangsschild in der „Stadt Fehrbellin" begrüßt werden. Über 700 Jahre lang besaß Fehrbellin das Stadtrecht, ist aber seit 2003 „nur" noch Teil der Gemeinde Fehrbellin. Der Ortsname blieb allerdings „Stadt Fehrbellin". Titularstadt heißt das im Amtsdeutsch. Eine Fähre über den im Mittelalter noch viel wasserreicheren Rhin im Ländchen Bellin hat der Stadt ihren Namen gegeben. Fehrbellin begrüßt

Die Schlacht von Fehrbellin

Die Schrecken des Dreißigjährigen Krieges waren im kollektiven Gedächtnis der Brandenburger noch nicht vernarbt, da trieben 1674 schon wieder die Schweden im Land ihr Unwesen. Kurfürst Friedrich Wilhelm kämpfte zu dieser Zeit mit seinen Truppen am Niederrhein gegen die Franzosen. In Eilmärschen trieb der Kurfürst seine Mannschaften zurück in die Heimat, wo sie sogleich erste Siege errangen. Sie befreiten zum Beispiel Rathenow im Handstreich.

Bei Hakenberg, umweit Fehrbellin, sammelten sich daraufhin die in Bedrängnis geratenen Schweden. Eine aus 1.500 Reitern bestehende Vorhut der Brandenburger verwickelte sie sogleich in Kämpfe, wobei sie auf das Überraschungsmoment setzten. Die zahlenmäßig weit überlegenen Schweden wehrten sich allerdings verbissen. Erst als der Kurfürst selbst an der Spitze frisch herangeführter Reiter in den Kampf eingriff, wendete sich das Blatt. Als sie die Schweden attackierten, konnten die in keine Richtung ausweichen: Im sumpfigen Gelände blieben Pferde, Kanonen stecken, und auf ihrer Flucht wurden die Soldaten von aufgebrachten Bauern gehetzt. So entschieden die Brandenburger die Schlacht für sich, obwohl sie zahlenmäßig weit unterlegen waren. Die Schweden verzeichneten 4000 Verwundete und Tote, die Brandenburger 500.

Mit der Schlacht bei Fehrbellin bestand Kurfürst Friedrich Wilhelm die Feuertaufe seines frisch geschaffenen stehenden Heeres. Nachdem Brandenburg im Dreißigjährigen Krieg nur willenloser Spielball der Großmächte war, trachtete Friedrich Wilhelm nach einer aktiven Rolle im europäischen Geschehen. So baute er in kurzer Zeit ein stehendes Heer von 15.000 Mann auf. Es war, wie sich die schwedischen Eindringlinge überzeugen mussten, außerordentlich schlagkräftig. Die Schlacht stand am Anfang des Aufstiegs Brandenburgs und dann Preußens zu einer europäischen Großmacht und andererseits des Abstiegs Schwedens als Militärmacht.

Der 18. Juni 1675 machte den brandenburgischen Kurfürsten bis in unsere Zeit zum „Großen Kurfürsten". Er eilte seinem Volk zu Hilfe, als die Not am höchsten war, und warf sich selbst todesmutig dem Feind entgegen. So wurden die Wurzeln für einen Nationalstolz gelegt, von dem nachfolgende Könige und Kaiser gern zehrten. Alle Regenten aus dem Haus Hohenzollern hießen von nun an Friedrich Wilhelm, Friedrich oder Wilhelm.

Ein literarisches Denkmal an die Schlacht vor Fehrbellin hat Heinrich von Kleist mit seinem Drama „Prinz Heinrich von Homburg" gesetzt. Er benutzte die historische Person des Reitergenerals Landgraf Friedrich von Homburg, der von 1633 bis 1708 lebte. Als 26-Jähriger verlor er im Kampf einen Unterschenkel. Mit einem Holzbein ausgestattet, brachte es Homburg in brandenburgischen Diensten bis zum Reitergeneral. Er setzte angeblich eigenmächtig die „Schlacht bei Fehrbellin" in Gang, als er mit seinen Truppen noch vor dem Signal zum Angriff tollkühn in die schwedischen Reihen preschte. In sehr freier Auslegung der wahren Ereignisse verdichtete Kleist den Konflikt Homburgs zu einer grundsätzlichen Auseinandersetzung um freien Willen und blinden Gehorsam. Der Dichter selbst hat die Uraufführung des Stückes, die 1821 am Wiener Burgtheater stattfand, nicht erlebt. Er ging 1814 in den Freitod.

uns mit einer imposanten Kirche. Sie wurde 1867 nach Plänen von August Friedrich Stüler erbaut, dem wir bereits als Architekt der Stadtkirche von Werder (Havel) begegnet sind.

Fehrbellin war immer ein bescheidenes Städtchen, das sich noch nicht einmal mit einer Stadtmauer umgeben hat. Richtung Wasserläufe und Sümpfe verirrte sich selten ein Feind. Und selbst die Schlacht von 1675, die den Namen der Stadt in die Weltgeschichte eingebracht hat, fand in Wirklichkeit ein paar Kilometer entfernt statt. Trotzdem spendierte Kaiser Wilhelm II. den Fehrbellinern 1906 ein bronzenes **Kurfürstendenkmal** und weihte es höchstpersönlich ein. Die Statue überlebte sogar zwei Weltkriege, ohne für den Bau von Kanonen eingeschmolzen worden zu sein. Im Kurfürstenpark, wo das Denkmal steht, finden jedes Jahr um die Mittsommerzeit die „Fehrbelliner Festtage" statt. Zu Ehren der gewonnenen Schlacht geben Schützengilden und Karnevalsvereine der Gegend ihr Bestes, um ein Fest für die ganze Familie auf die Beine zu stellen, das tausende Besucher anlockt.

Hakenberg

Wer von Fehrbellin aus an den Ort der berühmten Schlacht gelangen will, überquert kurz hinter Fehrbellin die Autobahn A24 und hat dann noch ca. fünf Kilometer vor sich. In Hakenberg ist der historische Ort erreicht, der als „die Wiege Preußens" gilt. Hier, am tatsächlichen Ort des Geschehens, erinnern gleich zwei Denkmäler an die Schlacht von Fehrbellin. Das eine: bescheiden gleich neben der Straße nach Kremmen. Es erinnert daran, dass hier am 18. Juni 1675 der Große Kurfürst „KAM SAH U. SIEGTE".

Das andere: eine **Siegessäule** am Ende einer Allee auf einer kleinen Anhöhe. Die 35 Meter hohe Säule mit dem Reliefbild des Großen Kurfürsten und der über allem schwebenden Siegesgöttin Victoria entstand nach dem Berliner Vorbild. Im Inneren der Säule führt eine Wendeltreppe über 114 Stufen auf eine Aussichtsplattform, von der aus das ehemalige Schlachtfeld gut zu überblicken ist.

Die Idee, der Schlacht bei Fehrbellin ein Denkmal zu setzen, tauchte erstmals zu deren 100. Jahrestag auf. Aber über 25 Jahre vergingen, bis das Denkmal an jener Stelle aufgestellt wurde, an der die kurfürstlichen Truppen die schwedischen Linien durchbrachen und den Sieg herbeiführten. Ein von Kanonenrohren flankiertes Postament mit einer Urne obendrauf und Inschriften an allen vier Seiten stand nun auf einer Anhöhe bei Hakenberg. Es zerfiel allerdings sehr schnell und wurde 1857 vom Kriegerverein Fehrbellin

Zweimal Schlachtengedenken bei Hakenberg

Die Siegessäule mit der Victoria an der Spitze kann bestiegen werden.

Dorfkirche von Linum

König Friedrich I. stiftete 1711 dem Gotteshaus in Linum eine Krone, die sich noch heute auf dem Turm der Kirche befindet.

und Umgebung erneuert. Ein Medaillon kündet heute noch davon.

Aber bereits wenige Jahre später, im Jahre 1875, schien das kleine Monument der Bedeutung der Schlacht nicht mehr zu entsprechen, zumal inzwischen noch viel größere Siege errungen waren. Gegen die Franzosen zum Beispiel. Diesem Sieg wurde in Berlin eine Säule gewidmet mit einer goldenen Victoria-Statue an der Spitze. Der kaiserliche Kronprinz persönlich legte am 200. Jahrestag der Schlacht bei Fehrbellin den Grundstein für eine verkleinerte Variante der Siegessäule.

1879 war das Monument vollendet. Mit 36 Meter Höhe ist es fast halb so groß wie das in Berlin. In den Sockel des Turms ist eine Nachbildung einer von Andreas Schlüter geschaffenen Büste des Großen Kurfürsten eingelassen. Die über allem schwebende Victoria entspricht der von Christian David Rauch (1777 – 1857) für Berlin geschaffenen, der um 1840 gleich mehrere Siegesgöttinnen entworfen hatte.

Mehrere Informationstafeln in der Nähe der Siegessäule berichten eingehend über den Verlauf der Schlacht. Hier beginnt der „Kurfürstenpfad", der zu einem Hochstand direkt am historischen Schlachtfeld führt, aber auch Hinweise auf Denkwürdigkeiten in der Natur bietet. Gleich hinter der Säule lädt das „Waldhaus" zu Tisch.

Linum

Folgen wir der Straße, die uns von Fehrbellin nach Hakenberg geführt hat, ein kurzes Stück weiter, gelangen wir nach Linum. Hierher kam Preußenkönig Friedrich I. gern zur Birkhuhnjagd und ließ sich sogar ein kleines Jagdschloss bauen, das allerdings schon lange abgerissen ist. Der Linumer Rasthof war Umspannstation der Postkutschenlinie Berlin–Hamburg mit 24-Stunden-Dienst. Die Kirche in der Ortsmitte würde mit ihrer üppigen Backsteingotik auch einer deutlich größeren Gemeinde gut zu Gesicht stehen. Sie stammt aus dem Jahr 1868, und die Gotik ist mit der Vorsilbe „Neo" zu versehen. Bemerkenswert ist die Kirche zum einen durch eine Gedenktafel, die an Luise Hensel erinnert, die Dichterin des Nachtgebetes „Müde bin ich, geh zur Ruh", die 1798 in Linum geboren wurde. Zum anderen gehört die Kirche mit Dach und Giebel zu den Linumer Bauwerken mit Storchennestern.

Linum ist neben Rühstädt als **Storchendorf** weithin bekannt. Hierher kommen im Frühjahr jede Menge Besucher, um zu schauen, ob die bis zu zwanzig Storchennester wie erhofft besetzt sind. In Linum ist in der „Storchenschmiede" ein NABU-Naturschutzzentrum tätig. Eine Orientierungstafel vor dem Haus zeigt die Plätze der Storchennester im Ort an.

Storchenschmiede Linum
Nauener Str. 54, 16833 Linum
Tel. 033922 50500
geöffnet 26.3. bis Ende der Kranichrast im November:
Mi bis Fr 10–16 Uhr
Sa/So/F 12–18 Uhr

Von Anfang April bis Mitte September bietet die Storchenschmiede an jedem 2. Samstag im Monat von 14–18 Uhr Naturerleben für die ganze Familie an (mit Anmeldung).

WER WAR EIGENTLICH LUISE HENSEL?

Das Leben der Luise Hensel bietet den Stoff für einen Roman. Zeit der Handlung: die Romantik. Das Personal: der evangelische Pfarrer Ludwig Hensel und seine Frau Johanna Albertina, in deren Linumer Pfarrhaus Luise 1798 zur Welt kam. Weiterhin der vier Jahre ältere Bruder, der es zu einem hochangesehenen Maler im Umfeld des preußischen Hofes brachte und der Fanny Mendelssohn heiratete, die Schwester des berühmten Komponisten Felix Mendelssohn Bartholdy. Nach dem Tod des Vaters verließ Luise 1809 Linum und kam nach Berlin. Dort lernte sie später den romantischen Dichter Clemens Brentano kennen, der sich unsterblich in sie verliebte. Auch der Dichter Wilhelm Müller, der durch den von Franz Schubert vertonten Gedichtzyklus „Die schöne Müllerin" noch heute bekannt ist, gehörte zu ihren Verehrern. Beide dürften bei ihr den Hang zur Poesie geweckt haben. Zu jener Zeit konvertierte Luise vom evangelischen zum katholischen Glauben und entwickelte eine starke Frömmigkeit. Daran scheiterte auch die Ehe mit Ernst Ludwig von Gerlach, dem späteren Lehrer von Otto von Bismarck. Im Alter von 22 Jahren legte Luise ein Keuschheitsgelübde ab. Sie verbrachte die folgenden Jahrzehnte bis zu ihrem Tod im Jahr 1876 als Gesellschafterin in adligen Familien, als Erzieherin oder sie lebte als einfache Pilgerin. Ihr berühmtes Abendlied „Müde bin ich, geh zur Ruh…" erschien erstmals 1869.

Von der Station des Natur-
schutzbundes im Ort wer-
den Führungen auf den
Spuren der Kraniche ange-
boten. Besichtigungen sind
jederzeit möglich.

Doch nicht nur für Störche ist Linum ein Anziehungspunkt. Nur ein paar hundert Meter außerhalb
des Ortes, in den **Linumer Teichen**, kann man nach
durchziehenden Kranichen und Wildgänsen Ausschau
halten. Mit dieser Teichlandschaft hat es seine besondere Bewandtnis. Theodor Fontane bezeichnete Linum als
das „Newcastle der Mark" – als Mittelpunkt eines Kohle-
reviers also. Was dort allerdings die Steinkohle war, war
für Linum der Torf, mit dem zu Fontanes Zeiten noch
gefeuert wurde.

Damals hatte Linum 2500 Einwohner. Es gab
zwei Ziegeleien, zwei Windmühlen und mehrere
Reedereien, die vom Linumer Hafen das Torf nach
Berlin verschifften. Das war auch die Zeit, als die alte
Feldsteinkirche von Linum durch den eindrucksvollen
Backsteinbau ersetzt wurde. Das betriebsame Linum zu
Zeiten Fontanes war also nicht zu vergleichen mit dem
beschaulichen Ort der Gegenwart.

Aus den Torfbrachen wurden zunächst zwölf Karp-
fenteiche. Von 1962 bis 1971 wurde die Teichlandschaft
beträchtlich vergrößert. Gegenwärtig werden hier
jährlich zwischen 100 und 160 Tonnen Karpfen produziert. Die Linumer Teiche dienen aber nicht nur der
intensiven Fischzucht.

Sie werden von Kranichen und Wildgänsen während
ihrer große Reise in den Süden und zurück als Schlaf-
platz genutzt. Die Linumer Teiche gelten als das größte
binnenländische Kranichrastgebiet Mitteleuropas.
Ein Teil des Teichlandes ist – trotz des hohen Schutz-
wertes – begehbar. Deshalb sollten die gekennzeichneten Wanderwege nicht verlassen werden. Mit einem
Solarboot können hier fast lautlos Fahrten in die stille
Natur unternommen werden.

An den Linumer Teichen

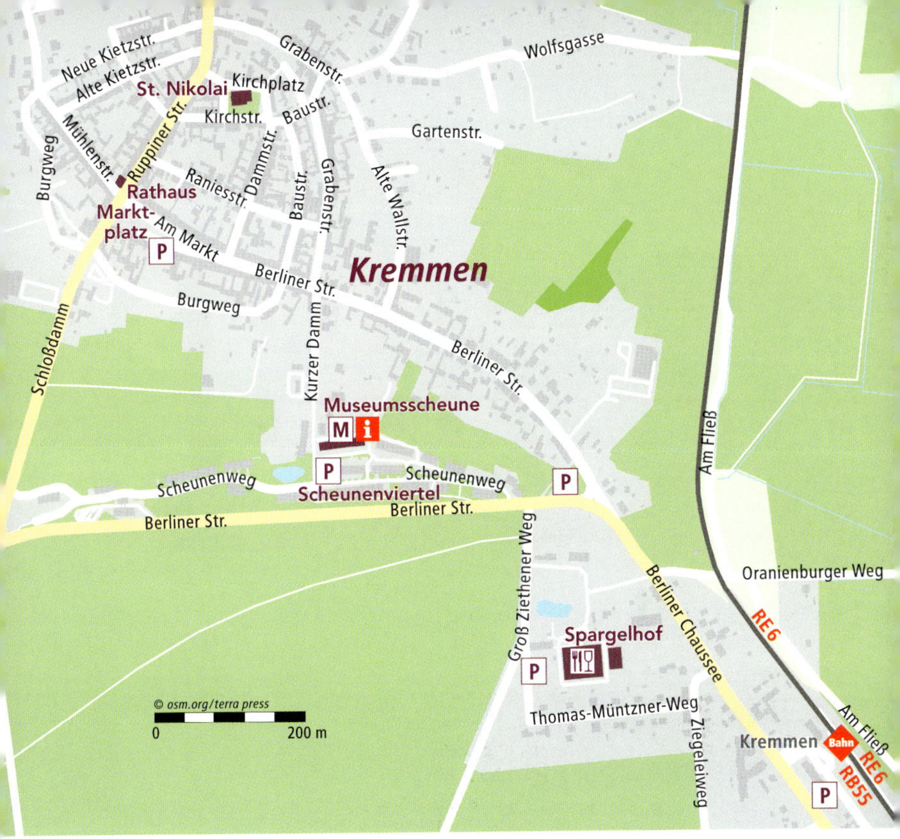

Map labels:

Neue Kietzstr.
Alte Kietzstr.
Grabenstr.
Wolfsgasse
St. Nikolai
Kirchplatz
Kirchstr.
Baustr.
Gartenstr.
Burgweg
Mühlenstr.
Ruppiner Str.
Raniesstr.
Dammstr.
Baustr.
Grabenstr.
Alte Wallstr.
Rathaus
Markt-
platz
P
Am Markt
Berliner Str.
Kremmen
Burgweg
Kurzer Damm
Schloßdamm
Museumsscheune
M i
P
Scheunenweg
Scheunenweg
P
Scheunenviertel
Berliner Str.
Berliner Str.
Am Fließ
Groß Ziethener Weg
Oranienburger Weg
Berliner Chaussee
RE 6
Spargelhof
P
© osm.org/terra press
0   200 m
Thomas-Müntzner-Weg
Ziegeleiweg
Kremmen
Bahn
RE 6
Am Fließ
RB55
P

Kremmen

Wer in Kremmen auf dem Marktplatz steht, glaubt sich
in einer kleinen Residenzstadt. Das nach einem großen
Stadtbrand 1840 im reinsten Klassizismus erbaute
Rathaus könnte auch ein Schloss gewesen sein. Auf dem
ideenreich gestalteten Marktplatz machen in den Boden
eingelassene Platten auf die zu Kremmen gehörenden
Ortsteile aufmerksam. Auch die anderen Häuser entlang
des Marktes, mal Fachwerk-, mal Ziegelbauten, drücken
den Stolz ihrer Erbauer aus. Das waren allerdings ganz
normale Ackerbürger. Ihren „Reichtum" haben sie
Sümpfen und Mooren des Luchs abgerungen, indem
sie Weideflächen schufen oder Torf stachen. Ein Schloss
hat es in Kremmen nie gegeben, wohl aber eine Burg.
Sie war 300 Jahre lang im Besitz der von Bredows und
wurde Mitte des 19. Jahrhunderts geschleift.

Bei einem Bummel durch den historischen Stadtkern
präsentieren sich die kleinen Geschäfte und Cafés,
die das Erscheinungsbild der alten Ackerbürgerstadt
prägen. Die Häuser Dammstraße 14 und 16 sind die
ältesten der Stadt und haben den großen Brand von 1840
überstanden, bei dem fast die gesamte Stadt zerstört
wurde. Und das, obwohl die Scheunen längst nach

*Eines der ältesten Häuser
von Kremmen*

außerhalb verlegt worden waren. Ausgangspunkt für eine interessante Altstadttour könnte zum Beispiel Kremmens ältestes Gebäude, die St. Nikolai Kirche, sein. Um 1200 errichtet, öffnet sie ihre Tore für Besichtigungen und Konzerte. Sehenswert sind der barocke Altar von 1693 und der Taufstein. Die Orgel wurde 1961 von der Firma Schuke gebaut, die Turmuhr ist ein technisches Meisterwerk von 1928. Die Kirche kann täglich von 10 bis 18 Uhr besichtigt werden.

Brände waren es auch, die eine Sehenswürdigkeit hervorbrachten, die heute viele Besucher nach Kremmen lockt: das **Scheunenviertel**. Nach drei verheerenden Stadtbränden, die offenbar alle in einer Scheune begannen, befahl der Große Kurfürst 1672 die Verlegung von Scheunen vor die Stadt. „Hinaus fürs Thor" war die Devise. Das bewahrte zwar die Stadt nicht davor, im Jahr 1680 und 1840 noch einmal fast völlig abzubrennen. Doch zwei Vorteile sollten sich aus dem Neuaufbau für Kremmen ergeben: erstens eine geschlossene Altstadt mit bürgerlichem Gepräge und zweitens das Scheunenviertel außerhalb des Stadtkerns. Bis heute sind dort ca. 50 Scheunen erhalten – nirgendwo in Deutschland gibt es noch einmal ein derartig geschlossenes Ensemble.

Rund um einen idyllischen Märtenpfuhl, in dem noch bis ins späte 17. Jahrhundert hinein Kindesmörderinnen ertränkt wurden, haben sich in den vergangenen Jahren Maler, Bildhauer, Antiquitätenhändler und Gastronomen niedergelassen. Sie bieten ein buntes Erlebnis-Allerlei. Erster Anlaufpunkt ist die Museumsscheune mit der Touristinformation.

Direkt in der Nachbarschaft des Scheunenviertels hat sich ein weiterer Anziehungspunkt für Besucher

i Touristeninformationspunkt im Scheunenviertel
Scheunenweg 49
16766 Kremmen
Tel. 033055 21161
www.kremmen.de

linke Seite: Auf dem Marktplatz von Kremmen

🍴📍 Spargelhof Kremmen
Groß-Ziethener Weg 2
16766 Kremmen
Tel. (033055) 20 80
www.spargelhof-kremmen.de
geöffnet in der Saison April
bis Ende August täglich
mit Restaurant und Hofladen

etabliert: der Spargelhof Kremmen. Bereits auf der Fahrt nach Kremmen machen – egal, aus welcher Richtung man kommt –, riesige Schilder auf den „Spargel aus Kremmen" aufmerksam. Findige Spargelbauern haben herausgefunden, dass sich in Beelitz und Kremmen Beschaffenheit des Bodens und Mikroklima kaum unterscheiden. Also haben sie 2008 damit begonnen, auf großen Flächen der Umgebung Spargel anzubauen und auf einem früheren LPG-Gelände die Vermarktung zu organisieren. Hier gilt das Prinzip der gläsernen Produktion: Besucher sind eingeladen, sich die Verarbeitung in den Wasch-, Sortier- und Verpackungsmaschinen anzuschauen, um zu erfahren, wie der Spargel vom Feld auf den Teller kommt. Schautafeln informieren darüber, dass Kremmener Spargel seit 2010 seinen Weg zu den Genießern in der Region findet. Anfangs noch ein Geheimtipp, inzwischen buchstäblich in aller Munde.

Den Mittelpunkt des **Spargelhofes** bildet das Restaurant, das in der Spargelsaison vom 4. April bis 29. Juni geöffnet hat. Natürlich gibt es hier den Klassiker: Wiener Schnitzel mit Spargel. Aber die Gäste können sich auch davon überzeugen, dass Spargel ein sehr vielseitiges Gemüse ist. Von der Terrasse fällt der Blick auf Gehege, wo sich Ziegen, Hühner, Kaninchen, Meerschweinchen, Wellensittiche und Fasane tummeln. Im benachbarten Hofladen reicht das Angebot vom frisch geernteten Spargel, schmackhaften Erdbeeren, süßen Kirschen bis hin zu Äpfeln, Rhabarber, Radieschen und Kartoffeln. Außerdem Fruchtaufstriche, dazu Außergewöhnliches wie Kürbissekt oder hochprozentiger Spargelgeist. Nordwestlich schließt sich an Kremmen ein Naturschutzgebiet inmitten einer weiten Niedermoorlandschaft mit Feuchtwiesen, Seen, Wasserläufen und Sumpfgebieten an. Seltene Tierarten wie Rohrweihe, schwarzer Milan, Eisvogel, See- und Fischadler sind hier heimisch. Ein besonderes Schauspiel ist es, wenn alljährlich von Ende September bis Mitte November bis zu 80.000 Kraniche auf den weiten Luchwiesen zur Rast landen. Im Sommer laden der Kremmener See mit seinem 1,5 km langen Naturlehrpfad und der Beetzsee zum Wandern, Bootfahren und Baden ein.

Ein paar hundert Meter außerhalb von Kremmen, an der Landstraße nach Beetz, steht ein großes **Eisenkreuz** am Straßenrand. Der Architekt Friedrich August Stüler hat es im Auftrag des Königs 1845 aufstellen lassen. Es erinnert daran, dass auf dem Kremmener Damm der erste in Brandenburg regierende Hohenzoller, Burggraf Friedrich, 1412 ein Scharmützel im Zuge der Besitzergreifung der Mark Brandenburg ausgefochten hat. Seine Gegner waren die Pommernherzöge Otto und Casimir. Auf märkischer Seite ritten auf schmalem Weg durch den Morast zwei fränkische Ritter voran. Der eine wurde ins Luch abgedrängt und versank darin, der andere, Graf von Hohenlohe, wurde von einem Pfeil getroffen und fiel. Für diesen Vertrauten ließ Burggraf Friedrich am tragischen Ort ein Kreuz aufstellen. Der Große Kurfürst ließ es erneuern, und später der Preußenkönig Friedrich Wilhelm IV.

☯ Hotel & SPA
Sommerfeld
Beetzer Straße 1a
16766 Kremmen
Tel. 033055 970
www.hotelsommerfeld.de

Erinnerungskreuz bei Kremmen

Schloss Ziethen

Südlich von Kremmen, im Ortsteil Groß Ziethen, steht ein denkwürdiges Schloss. Um Verwechslungen vorzubeugen, sei hier erwähnt, dass der berühmte Reitergeneral Friedrichs des Großen, der „Zieten aus dem Busch", ohne „h" geschrieben wird. Ihm und seinem Schloss sind wir bereits in Wustrow begegnet. Dennoch kann auch das Schloss Ziethen auf einen berühmten General verweisen: Zu den häufig wechselnden Eigentümern gehörten von 1799 bis 1843 der Generalfeldmarschall Fürst Blücher und seine Nachkommen.

Schloss Ziethen
Alte Dorfstr. 33
16766 Kremmen
OT Groß Ziethen
Tel. 033055 950
www.schlossziethen.de

Das Schloss geht auf ein „festes Haus" derer von Bredow zurück, erbaut um 1355. Aus dieser Zeit sind noch das Gewölbe und wesentliche Teile der „schwarzen Küche" erhalten. Sie gilt heute als die älteste erhaltene Küche Brandenburgs. Nach dem 30-jährigen Krieg wurde das Haus erweitert, aufgestockt und barock überformt. In dieser Zeit wurde auch die beeindruckende Haupttreppe eingebaut. Im späten 19. Jahrhundert wurde es um die zwei markanten Ecktürme erweitert. 1994 ging das Haus an eine Nachkommin der von Bülows, der letzten Besitzerfamilie vor 1945, über. Das baufällige Gebäude wurde von Grund auf saniert und ist heute als Hotel und Restaurant eingerichtet. Zum Schloss gehört ein frei zugänglicher, eindrucksvoller Landschaftspark mit mächtigen Linden, Eichen und Birken. Um Lücken zu schließen, wurden u.a. als Solitäre Blutbuchen, Pyramidenbuchen und Urweltmammutbäume nachgepflanzt.

Marina Wolfsbruch in Kleinzerlang

Service und Adressen

Tourismusverband Ruppiner Seenland e.V.
Fischbänkenstraße 8, 16816 Neuruppin
Tel. 03391 659630
www.ruppiner-reiseland.de

**Tourist-Informationen
im Ruppiner Seenland**
Fehrbellin
Stadtbücherei und Tourist-Information
Johann-Sebastian-Bach-Straße 7c
16833 Fehrbellin
Tel. 033932 70255
www.fehrbellin.de/stadtbücherei, S. 180

Flecken Zechlin Tourist-Information
Rheinsberger Straße 15
16837 Flecken Zechlin
Tel. 033923 715013
www.fleckenzechlin.de, S. 147

Kremmen Touristeninformationspunkt
Scheunenweg 49, 16766 Kremmen
Tel. 033055 21161
www.kremmen.de, S. 189

Lindow (Mark) Tourist-Information
Am Marktplatz 1, 16835 Lindow (Mark)
Tel. 033933 70297
www.lindow-mark.de, S. 67

Neuglobsow Tourist-Information Stechlin
Stechlinseestraße 21
16775 Stechlin OT Neuglobsow
Tel. 033082 70202
www.stechlin.de, S. 94

Neuruppin
Tourismus-Service „BürgerBahnhof"
Karl-Marx-Straße 1, 16816 Neuruppin
Tel. 03391 45460
www.tourismus-neuruppin.de, S. 21

Rheinsberg Tourist-Information
Remise am Schloss/Mühlenstraße 15A
16831 Rheinsberg
Tel. 033931 34940
www.rheinsberg.de, S. 138

Für Kanufreunde

Speziell für Wasserwanderer hat der Tourismusverband Ruppiner Seenland e.V. die Informationskarte „Bett + Kanu" herausgegeben. Sie gibt einen Überblick über die mit dem Qualitätssiegel „Bett + Kanu" ausgezeichneten Beherbergungsunternehmen entlang der beliebten Paddelstrecken des Ruppiner Seenlands. Mit freundlicher Genehmigung des Verbandes hier eine Auswahl der Angebote.

Mit den folgenden Annehmlichkeiten in den Unterkünften können Besucher rechnen:

- Direkte Wasserlage (max. 100 m)
- Kanugerechte Anlegesituation
- Sichere Ablage der Kanus ohne zusätzliche Kosten
- Kanuten werden auch für eine Nacht aufgenommen
- Trockenmöglichkeit für Kleidung und Ausrüstung
- Einkaufsmöglichkeit in max. 500 m Entfernung
- oder Bereitstellung von Verpflegung
- Kontakt zu Kanuverleihern oder Kanuverleih vor Ort
- Informationen zum Kanutourismus in der Region
- Auskunft zu Pegelständen, wenn notwendig
- An- und Abreise mit öffentlichen Verkehrsmitteln möglich (oder Shuttleservice zum nächsten Bahnhof)

Bitte beachten Sie im gesamten Paddelrevier folgende Regeln:

1. Sensible Bereiche umfahren
2. Lebensräume schützen
3. Abstand zu Tieren halten
4. Lärm vermeiden
5. Sicheres Starten und Anlanden
6. Wasser sauber halten
7. Kein Lagerfeuer entzünden
8. Übernachten an offiziellen Plätzen
9. Befahrensregeln beachten
10. Vorbild sein

Kanuverleihe

rhinpaddel.de
Friedrich-Engels-Straße 8
16827 Alt Ruppin
Tel. 03391 771212
www.rhinpaddel.de, S. 58

Boat City Neuruppin GmbH & Co. KG
Zum Schwanenufer 17
16816 Neuruppin
Tel. 03391 405699
www.bootsverleih-neuruppin.de, S. 35

Boat-City Hafendorf Rheinsberg GmbH
Kaistraße 3, 16831 Rheinsberg
Tel. 033931 80545
www.boote-rheinsberg.de, S. 145

Rheinsberger Adventure Tours
Dorfstraße 8
16831 Rheinsberg OT Zechow
Tel. 033931 348948
www.rheinsberg-kanu.de

Kanatu Kanuverleih & Kanushop
An der Havel 30/32, 17255 Priepert
Tel. 039828 26457
www.kanatu.de

Kanufreundliche Unterkünfte

Gasthof Alte Fischerhütte
mit eigenem Bootsverleih
Zur Zugbrücke 7, 16818 Altfriesack
Tel. 033925 70604
www.fischerhuette-altfriesack.de, S. 166

Hotel & Restaurant „Am Alten Rhin"
Ausgangspunkt zur Erkundung der Ruppiner Schweiz
Friedrich-Engels-Straße 12
16827 Alt Ruppin
Tel. 03391 7650
www.hotel-am-alten-rhin.de, S. 58

Hotel Gutenmorgen
direkt am Großen Zechliner See
Zur Beckersmühle 103, 16837 Dorf Zechlin
Tel. 033923 70275
www.hotel-gutenmorgen.de, S. 146

Campingplatz „Am Forsthaus Rottstiel"
Vier-Sterne Campingplatzanlage
am Ufer des Tornowsees, S. 61
Am Forsthaus Rottstiel
16827 Stendenitz
Tel. 033929 70644
www.camping-rheinsberg-neuruppin.de

Jugenddorf & Gut Gnewikow
am Ruppiner See
denkmalgeschütztes Gutshaus mit Seeblick
Gutsstraße 23
16818 Neuruppin OT Gnewikow
Tel. 03391 402720
www.jungenddorfruppinersee.de, S. 163

Jugendherberge Prebelow
gebaut wie ein Kloster, direkt am Wasser
Prebelow 2, 16831 Rheinsberg
Tel. 033921 70222
www.jh-prebelow.de

Kanucamp Altfriesack
Übernachten in Blockhäusern
Triftweg 3, 16818 Altfriesack
Tel. 033925 90163
www.altfriesack.de/kanu, S. 167

Kossätenhof Familie Behm
idyllische Lage am Schwarzen See
Wittstocker Straße 20
16837 Flecken Zechlin
Tel. 033923 70240
www.fewobehm.de, S. 147

Landhaus Seebeck
barrierefrei am Vielitzsee
Hauptstraße 23c
16835 Vielitzsee OT Seebeck
Tel. 033933 900060
www.landhaus-seebeck.de

Landhotel Lindengarten
bekannt für Fisch- und Grillabende
Dorfstraße 33, 16831 Kleinzerlang
Tel. 033921 7680
www.kleinzerlang-brandenburg.de, S. 149

Luisenhof Molchow
direkt am Tetzensee
Dorfplatz 6, 16827 Molchow
Tel. 03391 400506
www.luisenhof-molchow.de

Maritim Hafenhotel Rheinsberg
Wellness am Rheinsberger See
Hafendorfstraße 1, 16831 Rheinsberg
Tel. 033931 8000
www.hafendorf-rheinsberg.de, S. 145

Hotel Seeschlösschen
mediterrane Leichtigkeit ist garantiert
Am Bollwerk 1, 16818 Wustrau
Tel. 033925 8803
www.seeschloesschen-wustrau.de, S. 170

Pension & Restaurant Hüttensee
mit eigenem Bootsanleger und Badestrand
August-Bebel-Platz 1
16831 Zechlinerhütte
Tel. 033921 70344
www.hüttensee.de, S. 148

Ferieninsel Tietzowsee
mit eigener Boots- und Fahrradausleihe
Zur Tietzowsiedlung 7
16831 Zechlinerhütte
Tel. 033921 70228
www.tietzowsee.de, S. 149

Precise Resort Marina Wolfsbruch
eigener Yachthafen mit Bootsverleih und
Hausbootcharter
Wolfsbruch 3
16831 Rheinsberg-Kleinzerlang
Tel. 033921 87
www.marina-wolfsbruch.de, S. 149

Waldschenke Stendenitz
seit über 100 Jahren mitten in der
Ruppiner Schweiz
Stendenitz 13, 16827 Molchow
Tel. 03391 775119
www.waldschenke-stendenitz.de, S. 61

REGISTER

ÜK = Übersichtskarte
DK = Detailkarte
Gewässer blau markiert

A
Altfriesack 165 ff DK 167
Alt Ruppin 58 ff

B
Binenwalde 63 ff
Boltenmühle 63 f

D
Dagow 101
Dollgow 113 ff DK 144
Dorf Zechlin 146 f

F
Fehrbellin 179 ff
Flecken Zechlin 146 f

G
Garz 177 f
Gentzrode 55 f
Gildenhall 56 f, 60
Gnewikow 162 f
Grienericksee 121, 133
Großer Rheinsberger
    See 6 ÜK 119
Groß Ziethen 192
Gudelacksee 6, 11, 60,
    67 f, 75
Gühlen 77
Gut Hesterberg 158

H
Hakenberg 181, 183 f

K
Kalksee 64 DK 64
Karwe 164 f, 169
Kleinzerlang 149
Kochquelle 79 DK 79
Köpernitz 105 f
Kremmen 187 ff DK 187
Kunsterspring 78 f DK 79

L
Ländchen Bellin 179 f
    ÜK 153
Lichtenberg 158
Lindow 67 ff DK 68
Linum 185 f
Linumer Teiche 186
    ÜK 153
Luhme 147 f

M
Menz 103 ff DK 104
Mirow 150 f
Molchow 60
Molchowsee 60
Möllensee 74

N
Naturpark Stechlin-
    Ruppiner Land 84, 103
    ÜK 85
Netzeband 79 ff
Neu Glienicke 82
Neuglobsow 94 ff DK 94
Neuruppin 16 DK 17
    Garnisonstadt 47
    Neuruppiner
        Bilderbogen 37
    Seepromenade 33
    Stadtrundgang 21
    Tempelgarten 40 DK 41

P
Pfalzheim 82

R
Radensleben 161
Rheinsberg 118 ff DK 138
    Keramik 142
    Schloss und Park 123
    Stadtrundgang 138
Rhin 53, 58 ff, 155, 177
Rhinluch 177 ÜK 153

Roofensee 104 DK 104
Ruppiner Schweiz 50, 53
    ÜK 50
Ruppiner See 6 f, 33,
    53, 60, 157, 168 DK 60
    ÜK 50/153

S
Scheunenviertel 189
    DK 187
Schlabornsee 148
Schlacht von Fehrbellin
    181
Schulzenhof 113, ff
    DK 114
Seeschlacht bei Karwe
    169
Stechlin 89 ÜK 85
Stendenitz 60 f
Stille Pauline 180

T
Tetzensee 60
Tornowsee 60 f

V
Vielitz 77
Vielitzsee 67

W
Wittstock-Ruppiner Heide
    82 ÜK 51
Wustrau 167 ff DK 166
Wuthenow 157 f
Wutzsee 67, 70, 74

Z
Zechlinerhütte 147 ff
Zechliner See 6, 145, 148
Zermützelsee 6, 60
Zernikow 106 ff DK 108
Zippelsförde 66
Zootzensee 148

Impressum

Seenland Ruppin. Ein Wegbegleiter
Erschienen bei Edition Terra, einer Marke der terra press GmbH

© **terra press GmbH**
Albrechtstraße 18, 10117 Berlin, www.terra-press.de
1. Auflage 2016 · ISBN 978-3-942917-31-5

Fotos: terra press GmbH/Nölte/Kotte; S. 8 Jacob Paul von Gundling (Kartenzeichner), Georg Paul Busch (Stecher); S. 10, 11 Reederei Halbeck; S. 12, 93 Dr. Mario Schrumpf; S. 14 Marko Petruschke; S. 38 Bilderbogen in Vitrine/kienzle/oberhammer; S. 55 Frank Gyßling; S. 69 Haus Nr. 7/Tourist-Information Lindow; S. 70 Tourist-Information, Petra Steffen; S. 75, 77 Archiv Stadt Lindow (Mark); S. 76 Tourist-Information Lindow; S. 78 Wölfe/Marlen Gutschmidt; S. 81, 136, 137 Unter dem Milchwald, Schlosshof, Heckentheater/Kammeroper Schloss Rheinsberg; S. 82 Kutschenkarsten; S. 83 Daberturm/Stadt Wittstock; S. 96 EWN GmbH; S. 114, 115 Gasthaus, Steg/Seelig's Gast- und Logierhaus; S. 124 SPSG/Leo Seidel; S. 141 Waldmeister/Christian Jung - Fotolia.com; S. 146 Hotel/Hotel Gutenmorgen; S. 154 Linumer Teiche/TMB-Fotoarchiv, Frank Liebke; S. 163 Jugenddorf am Ruppiner See; S. 164 Kunstbank/Uta Bartsch; S. 168 Aufführung/Seefestival, Lutz Winkler
Porträtvignetten: Rolf Nölte
Karten und Layout: terra press GmbH/openstreetmap.org und Mitwirkende

Bibliografische Information der Deutschen Bibliothek: Die Deutsche Bibliothek verzeichnet diese Publikation in der Deutschen Nationalbibliografie; die detaillierten bibliografischen Daten sind im Internet unter http://dnb.ddb.de abrufbar.

Alle Angaben in diesem Buch wurden nach bestem Wissen recherchiert. Sollten sich dennoch Fehler eingeschlichen haben, bedankt sich der Verlag für jeden Hinweis.